# 做不焦虑的父母

## 慢养出来的孩子
## 更容易活出自我

文祺————著

台海出版社

**图书在版编目（CIP）数据**

做不焦虑的父母 ：慢养出来的孩子更容易活出自我 ／

文祺著． —— 北京 ：台海出版社，2024．9． —— ISBN 978－

7－5168－3935－5

Ⅰ．G78

中国国家版本馆CIP数据核字第2024TF4692号

---

**做不焦虑的父母 ： 慢养出来的孩子更容易活出自我**

著　　者：文祺

责任编辑：曹任云　　　　　　　　封面设计：尧丽设计

出版发行：台海出版社

地　　址：北京市东城区景山东街20号　　邮政编码：100009

电　　话：010-64041652（发行，邮购）

传　　真：010-84045799（总编室）

网　　址：www.taimeng.org.cn/thcbs/default.htm

E-mail：thcbs@126.com

经　　销：全国各地新华书店

印　　刷：永清县晔盛亚胶印有限公司

本书如有破损、缺页、装订错误，请与本社联系调换

开　　本：710毫米×1000毫米　　　　1/16

字　　数：188千字　　　　　　　印　　张：13

版　　次：2024年9月第1版　　　　印　　次：2024年9月第1次印刷

书　　号：ISBN 978-7-5168-3935-5

定　　价：59.80元

# 前言

比起孩子是否健康快乐，很多家长更关注孩子是否优秀。于是，在这种思想的影响下，这些家长习惯对孩子进行早教，督促孩子努力学习、学习、再学习，希望孩子不输在起跑线上；习惯在学业上给孩子施加压力，希望孩子能超越同龄人，成为出色而完美的"学霸"。

同时，一些家长看着别人家孩子更出色，就变得很焦虑、急躁，采用逼迫、催促、控制的教养方法，激发孩子身上的潜能；或是为孩子安排好一切，全力"引导"孩子走上更快捷、更顺畅的成功之路。

可是，在这样的教养下，孩子承受着前所未有的压力，甚至像被拔高的秧苗一样，不仅失去了生命的活力，更失去了健康成长的机会。所以，家长应该学会不焦虑、不急于求成，给孩子恰当的爱和理性的教导。慢养孩子，静待花开。

杨绛的父亲杨荫杭就是慢养孩子的典范，杨绛高中时还不会辨别平仄声，杨荫杭不逼迫、不焦虑，反而安慰她说："不要紧，到时候自然会懂。"杨绛考大学时不知道该选文还是理，杨荫杭则笑着说："没什么该不该，你最喜欢什么就学什么。"恰是因为杨荫杭做到了尊重孩子的天性、顺其自然地养育孩子，才使得杨绛成为当时最具有个性的才女。

什么是慢养？

慢养就是尊重孩子的生命本性，让孩子按照生命的自然规律自由成长，不急于求成，不揠苗助长，更不让孩子反天性成长；尊重孩子的个性，不论他们是内向还是外向，优秀还是平庸。

慢养就是尊重孩子，不制止孩子做喜欢的事情，更不逼迫孩子做不喜欢的事情；不过度溺爱、控制和管束孩子，让孩子保持真正的自我，并活出属于自己的价值和精彩……

"每个孩子都是一朵花，只是一年四季开放的时间不同。当人家的花在春天开放时，你不要急，也许你家的花是在夏天开；如果到了秋天还没有开，你也不要着急踩他两脚，说不定你家的这棵是腊梅，开得会更动人。"这是教育家黑幼龙说的话，在这里，我希望所有家长都记住它，并且理解它的深意。

在教养孩子的过程中，做到静下心来，慢养孩子，静待花开，如此才能让孩子活出自我，成为更出色的自己！

# 目录
## Contents

## 第三章　不完美才是真实的，
　　身心成长需要适当的超越与突破

## 第四章　父母淡化控制欲，
　　孩子才能活出有声有色的自己

第**五**章　醒醒吧！
孩子根本不应该为了你被迫性学习

第**六**章　孩子真正的学习力，
来自肺腑之中燃烧的兴趣

## 第七章 别再紧盯成绩，
去教孩子提高学习力

# 第一章 也许你还不太了解，孩子为什么要慢养

在养育孩子的过程中，应该尊重孩子生命的天性和自身的发展规律，不盲从，不催化，不强迫。慢养是尊重孩子，促使其个性地、自由地、独立地成长；慢养是静待花开，根据孩子的不同个性施以不同的"肥料"，让孩子成为独一无二的存在。

# 有多少好孩子，
# 被父母的"鸡血"毁掉了

每位家长都希望孩子长大后成为佼佼者，于是特别重视孩子的教育和培养，想尽办法不让孩子输在起跑线上。不少家长恨不得给孩子"打鸡血"，以便让他们站得比别人高，跑得比别人远。

别的同龄的孩子还在撒欢玩耍，自己的孩子已经在背诵唐诗三百首了。

别的同龄的孩子还在撒娇卖萌，自己的孩子已经上了早教班、兴趣班。

别的同龄的孩子刚刚上幼儿园，自己的孩子已经学完小学二年级的课程了。

为了不让孩子输在起跑线上，这些家长迫不及待地加入"鸡娃"的队伍。可他们没有想过，所谓的起跑线究竟在哪里，让孩子早早就"打满鸡血"，快速奔跑，真的好吗？

# 别让"毒鸡汤"毁掉孩子 ‼️

　　父母需要明白,孩子只是孩子,或许有些与众不同,或许天赋高一点,但是与普通孩子相比,并没有其他区别,都需要一步一个脚印慢慢地自然成长。在这个成长的过程中,父母不能操之过急,不能焦虑敏感,更不能总想拽着孩子快速奔跑或是给孩子打一针又一针的"鸡血"。因为成长不是赛跑,人生也不是。若是家长忽视孩子本身的能力,一味着急让孩子奔跑,不停让孩子去拼搏,只会把孩子的一生毁掉。不妨看看这个事例吧!

**烦恼小档案**

| 姓名: | 亮亮 |
|---|---|
| 身份: | 小学生 |
| 困扰: | 本来很喜欢数学,可妈妈给他报了太多培训班 |
| 后来: | 越来越厌恶数学了 |

　　亮亮是一个特别聪明的小男孩,从小就表现出极高的数学天赋。比如,别的孩子还在数1、2、3时,他已经能数到100了。别的孩子还在学1+1时,他已经会100以内的加减法了。等别的孩子学会100以内加减法时,他已经能将加减乘除四则运算运用自如了。

　　看到孩子如此聪明,亮亮妈妈很是高兴,决心好好地培养孩子,让他发挥自己的天赋，希望他长大后能成为出色的数学家。亮亮3岁时，她就给孩子报了各种早教培训班；亮亮5岁，她积极培养亮亮的数学能力，给孩子报了多个数学重点培训班，包括心算班、珠算班、思维拓展、奥数等等。

亮亮确实有天赋，学习比别的孩子快很多，成为名副其实的"小神童"。接下来，亮亮妈妈时常带孩子参加各种比赛，而亮亮也不负妈妈所望，在比赛中获得了不错的成绩。就这样，亮亮一直被妈妈打着"鸡血"，超前地学习各种知识、技能，小小的年纪已经没有玩耍的时间。亮亮几乎没看过电视，更未在小区公园内和同龄小朋友奔跑过、玩耍过。

亮亮妈妈以为孩子会赢在起跑线上，成为同龄人中的佼佼者。可是就在亮亮上小学的那年，事情发生了转折。那一年，亮亮发现自己与同学们不一样：别的同学生活很精彩，很快能交上朋友，而自己很孤独、寂寞，和别人说不上话。因为别人说的亮亮不知道，别人玩的亮亮也不会玩，所以，亮亮开始对数学以及各种培训班表现出疲惫、厌烦的消极情绪，开始逃避学习和妈妈的管教。

那个时候，妈妈并没有发现亮亮的情绪异常，反而又给他报了一个新的数学培训班，并且对他说："再过不久，你将要参加一场全国性的少儿数学竞赛，这次比赛很重要，你若是能取得好成绩，就有了超强'通行证'。你得加强训练……"

妈妈的话令亮亮很不开心，对数学也越来越厌恶。慢慢地，他好像"变笨"了，小时候展露出来的天赋渐渐消失不见了，每天上培训班时都是浑浑噩噩的，就连在学校上课都不在状态。同时，他的情绪也很不稳定，时常焦躁不安，动不动就发脾气，根本没办法好好上课学习。最后，亮亮妈妈只好让他休学，找医生为他诊治。

亮亮是有数学天分的，但可惜的是，他的妈妈并没有给予他正确的养育和引导，而是不断给他打"鸡血"，拽着他不断地奔跑。这种方式，最终使得亮亮因为承受不住重大的压力而崩溃，不仅失去对学习的兴趣，还患上了心理疾病。

事实就是如此，很多孩子原本很好，却让父母的"鸡血"给毁掉了。还记得那个2岁就上幼儿园，报各种培训班，然后又不得不退学的孩子吗？还记得那个上了某科技大学少年班，却很快被退学，最终一无是处的孩子吗？

有太多这样的家长总是希望自己的孩子记忆力惊人，在最短时间内记住最多东西，用最快速度学会最多技能，然后一鸣惊人。可是，对孩子的教育是不能过于急躁的。俗话说，"十年树木，百年树人"，家长对孩子要求过高，过度地逼迫孩子学习这个学习那个，只会给孩子带来沉重的压力，令孩子不开心甚至抑郁。

孩子就应该过得天真烂漫，就应该按照自然规律来成长。父母只有发现孩子身上的闪光点，积极培养孩子真正需要的东西，孩子才会变得更快乐和优秀。

所以，请多点耐心，多点陪伴，接纳你的孩子。如此，那句"不能让孩子输在起跑线上"的话，才不会成为毁掉孩子的"毒鸡汤"。

# 孩子将来飞不飞，
# 不取决于你的逼和催

　　很多家长希望自己的孩子能飞得更高，犹如雄鹰一般在天空中翱翔。于是，曾经信誓旦旦说不给孩子报培训班、让孩子快乐成长的人，思想和态度瞬间全都变了。为了培养孩子，他们把各种培训班推给孩子，还在一旁不停地催促和逼迫。

　　诚然，父母是爱孩子的，对孩子寄予厚望，愿意为孩子付出一切，但这种爱过于沉重，容易让人产生窒息的感觉，必然会给孩子的学习和心理带来极大的危害。

> 妈妈希望你像小鸟一样飞得又快又高。

> 我感觉太累了，飞不动。

7

# 别做"直升机父母"！！

| | |
|---|---|
| 姓名： | 思思 |
| 身份： | 小学三年级学生 |
| 困扰： | 天天各种补习班，比大人还要忙 |
| 结果： | 跟妈妈吵架，一气之下离家出走了 |

思思刚上小学三年级，可是比大人还要忙，除了正常上学之外，周末还要不停地穿梭在英语、古筝、作文、舞蹈四个培训班之间。妈妈希望思思能掌握这些知识和技能，成为一个多才多艺的孩子。每次思思外出上课，妈妈都寸步不离地陪同着，回到家后，妈妈还要不停地督促她做题、练古筝、跳舞。

可最近，思思妈妈发现，虽然自己给女儿报了这么多培训班，然而孩子的英语与作文成绩不仅没进步，反而还退步了很多。看着思思如此不争气，妈妈气不打一处来，认为是孩子懈怠了、懒散了，不由分说地教训了思思，并且还动手打了思思。

思思很委屈，大声哭喊着说："你只知道逼我学这学那，我就是一个学习机器，根本就不是你的孩子。你一点也不爱我，既然如此，你还生我做什么？！"控诉完妈妈之后，思思离家出走了。这可吓坏了思思妈妈，她不明白自己明明是为了思思好，为什么就招来抱怨和憎恨呢？

　　由此可见，家长一味地逼和催，不一定会获得期待中的美好。过度的施压，只会收到相反的效果，还不利于孩子身心的成长。

　　作为家长，如果你真的爱孩子，为孩子的现在与未来着想，那么，就请抛弃你的逼与催。首先，你应该从观念上进行自我转变，只有观念转变了，思想与行动才会紧跟着转变。不管是学习还是生活，尝试让孩子一步一步慢慢来。同时，你可以在旁边进行提点与指导，慢慢地培养孩子的学习能力、交际能力、自理能力以及应变能力。能做到不逼迫、不催促，尊重孩子的天性，尊重孩子的意愿，便不会让孩子产生不满，更不会害了孩子。

　　事实上，那些习惯催逼孩子的父母就是传说中的"直升机父母"。"直升机父母"的说法最初起源于美国，说那种父母就像是盘旋于孩子头顶的直升机，视线紧紧追随着孩子的脚步，时刻准备着对孩子进行照顾、监督和指导。

　　一般来说，"直升机父母"主要分为三大类：生活上的"直升机父母"，事必躬亲，照顾孩子的一切饮食起居；学习上的"直升机父母"，不尊重孩子的兴趣爱好，独断专行地替孩子安排补习班、制定学习任务；人际交往上的"直升机父母"，不问青红皂白地替孩子摆平一切矛盾和问题，替孩子强出头。

　　那种家长的内心是焦虑和恐惧的，正是焦虑和恐惧使得他们忽视了孩子的成长规律和内心感受，不断地剥夺孩子的自由、快乐，不仅让孩子丧失自理能力与成长空间，还引发了孩子悲观厌世、逃学叛逆的心理。结果是，父母心力交瘁，孩子压力巨大。父母急躁焦虑，孩子不仅飞不起来，还可能越来越消极、懈怠，最终可能走向失败。

　　成长是需要慢慢来的。若想让孩子成为独立而优秀的人，家长就必须保持平常心，给予孩子足够的信任与支持，让孩子在健康、自由的环境中自然成长。

# 你对孩子的教养，
# 已经不知不觉功利化

现在有些家长爱孩子，往往不是因为"你是我的孩子"，而是看"你是否优秀""你是否学习成绩好"。"你学习成绩好，有所成就，我才爱你。""你不学习，不优秀，我就不爱你。"就好像以前，有些父母爱孩子是为了"光耀门楣""养老送终"一般。

或许他们会反驳："你说的不对，我是真的爱孩子。"可事实上，他们所表现出来的确实就是这样：父母爱孩子，可是这爱是有条件的；父母教养孩子，可这教养是功利化的。

因为他们对孩子的教育不知不觉功利化，所以他们开始唯分数论，给孩子报各种补习班，逼迫孩子努力学习。时常把这样的话挂在嘴边："你现在的任务就是学习，其他什么都不用管，你必须好好学习，只有努力学习，考上好大学，才能有好生活和好未来。"早早就给孩子报各种兴趣班，不惜花费大量时间、精力和财力，可培养孩子的兴趣也只是为了拿奖、拿证书，为了让孩子能够考上重点、出名或赚钱，在将来博得一个美好前程。

这种功利性的养育，能让孩子健康成长并且拥有美好的未来吗？

当然不能！

家长一味追求学习成绩，一味让孩子出名、赚钱，而忽略孩子的身心健康和心智发展，对孩子的成长极为不利。即便孩子才华横溢，也会在这种功利心下失去快乐，失去希望，使其才华和天赋被抹杀。

# 少一些功利性的教养！！

每个孩子都应该拥有一个幸福快乐的童年，而不是被家长的功利心催逼强迫学这个学那个。而且，每个孩子都有自己的长处和性格特点，他们不一定适合家长安排的道路，也不一定会成为父母所期待的卓越者或天才。如果孩子在父母的强势和压力下，被迫学习、被迫优秀，就可能背负沉重的压力，变得痛苦不堪。

家长应该抛弃功利心，无条件地爱孩子、教养孩子，并且给予孩子尊重和正确的引导。

李明是一名插画师，从事这份职业是出于自己的兴趣。李明从小喜欢画画，虽然学习成绩并不是很好，但是父母从不给他过多的压力。很多孩子学画画，家长都会催促着孩子考级、参加比赛，目的是升学、拿奖。可是，李明的父母从来不这样做，只让他按照自己的想法学画，而且还积极为他找老师，帮助他发展兴趣爱好。

在学业方面，李明的父母也从不过多干涉，始终以孩子的意愿和兴趣为主。高中升学时李明选择了学艺术，父母给予了理解和支持。在考大学时，李明凭着自己优秀的专业成绩考上了中央美院。大学毕业后，很多同学选择设计方面的工作，因为设计方面工作机会多，赚钱也非常多。但是李明选择成为一名专业的插画师，父母也没多说一句，只是说"看你喜欢什么，就可以选择什么行业"。

正是因为李明选择了自己热爱的专业，他才会全情投入其中，创作出许多优秀的作品，成为业内小有名气的插画师。

看到了吧！李明的家长没有过多逼迫和催促，而是让孩子自由地发展兴趣，自主地学习和选择，这种不带功利心的教养恰好就是李明有所成的关键。

教养自己的孩子，是每一位家长的责任。然而，把自己的虚荣心和功利心放进养育孩子的过程中，这样的父母是不称职的。或许你是爱孩子的，或许你是为了孩子好，可是这带给孩子的并不是快乐与成长，而是另一层精神上的"枷锁"，只能禁锢和限制孩子。

德国诗人海涅说："我种下的是龙种，收获的却是跳蚤。"这句话就是针对那些不知不觉功利化教养孩子的家长说的。也就是说，家长抱有功利心，不断逼迫孩子成龙成凤，到头来孩子很可能变成虫。相反，若是家长给予孩子尊重，慢养孩子，正向教育，即便孩子不那么出众，将来也可能成龙成凤。

所以，家长应该做到以下几点：不要对孩子有超出实际的期待，如果孩子的实际情况与你的期待值之间有较大的差距，也不要陷入焦虑中；不要幻想孩子一夜成材，如果孩子表现不算好，也不要失去耐心；不要认为学习就是一切，不要让孩子事事争先、门门拿第一，更不要在乎那些所谓的奖项、名气……

教会孩子如何去生活，让孩子开阔视野，学会与人相处、沟通和合作，才能让他们在成长的过程中把握好自己，得到真正的成长。

# 孩子就像幼苗，
# 最怕揠苗助长

　　世间万物都有其特有的自然规律，幼苗沐浴阳光雨露，被人们精心培育、保护，才能一点点成长、开花、结果。毛毛虫一点点挣扎、蜕皮，才能冲破茧的束缚，蜕变成蝴蝶。可是，若你为了让幼苗长得快，人为地把它拔高，那么它就会枯萎；若你为了让毛毛虫尽早变为蝴蝶，动手为它剥掉茧蛹，那么它不仅无法化为蝴蝶，还会很快死掉。

　　教养孩子也是一样的道理。孩子的成长是有规律的，如果家长不遵循孩子的天性和成长规律，只顾着对孩子实施揠苗助长的教育方式，那么最终只会伤害到孩子。你"望子成龙、望女成凤"，对孩子有过高的期盼，对孩子进行施压和强迫，但是，你有没有想过孩子的感受呢？在孩子心里，你的期望就像是一座大山，压得他们喘不过气来，你的拉拽、催逼会残忍地扼杀孩子的天性，让他们的才华或天赋遭到抹杀。

# 遵从孩子的成长规律 ‼️

有一个天赋极高的孩子，从小就聪明绝顶，不管什么东西一学就会。家长很是高兴，自然也不放过重点培养孩子的机会。从3岁开始，家长就给他报各种培训班，还教授他小学的知识。5岁，他已经学完小学的课程；10岁，他已经在父母的安排下自学完了初中阶段的全部课程；12岁时，他又自学完了全部高中课程。

13岁时，这位"神童"被一所知名大学破格录取。家长得知这一喜讯，欣喜若狂，奔走相告，不停地向别人炫耀着他们的神童儿子是如何聪明，如何有天赋，说他将来肯定能成为栋梁之材。

由于儿子年龄小，孩子的父亲便决定辞去现有的工作，到儿子大学所在城市全程陪读，继续辅导儿子的学业。然而，孩子上大二时，被学校退学了。理由很简单：第一，孩子年龄太小，除了学习，其他一切都不能自理，已经严重影响其他同学的生活；第二，孩子社交能力低下，情绪不稳定，心智不成熟，行为举止怪异，经常与同学发生矛盾。

被学校退学后，孩子的父母很伤心，更多的感觉是丢人。父亲悲痛地训斥孩子，说："我白白培养了你这么多年，为什么你就不能为我争气？！你小时候明明很优秀，现在为什么这么无能？！"可与家长相反的是，孩子一脸平静，甚至还有些高兴。因为他知道自己终于不会再被家长拉扯着、强迫着学习了，不用再远离同龄人一个人孤独奋战了。他知道自己学习不是为了自己，只是为了满足父母的期望，即便自己在两年内读完大学，父母还会继续推着自己往前走，希望自己尽快读完研究生、博士生……

看了这个孩子的遭遇，身为家长的你是感到可惜还是痛心呢？

如果是前者，那么或许你也会成为那样的家长，走上逼迫孩子的道路。每个人都希望自己的孩子更优秀，这本是无可厚非的，但是这一切的前提是——必须遵从孩子的成长规律。孩子就像是幼苗，最怕家长揠苗助长。家长对孩子寄予过高的期望，为了让孩子尽快成才而人为地进行超前教育、逼迫教育，孩子可能承受不起。

正所谓凡事有度，过犹不及。孩子只是孩子，即便天赋再高、头脑再聪明，心智也是不成熟的。家长按自身的喜好与意愿去逼迫孩子，不考虑孩子的年龄和身心发展情况，过严、过频地去给孩子施加过多的压力，势必会造成孩子的逃避与反抗，对日后的发展也会造成一定的不良影响。

# 科学合理地教养孩子 !!

无独有偶，国外也有一个类似的事例。家长的揠苗助长，让一个天赋很好的孩子成为一个缺乏自理能力、心理扭曲的"傻孩子"。这个孩子的名字叫赛达斯。

赛达斯曾经是美国家喻户晓的天才，被各大新闻媒体大肆宣传过。他的父亲原本是哈佛大学的心理学教授，非常重视孩子的教育。他对于孩子的教育有一定的看法，认为早期教育对于孩子的发展是非常重要的，认为孩子的大脑就和肌肉一样，如果按照计划进行训练的话，就会变得越来越发达。

于是，赛达斯刚出生，父亲就在婴儿床的周围贴满了英文字母，并且不断在他的周围阅读。在父亲的"早教"下，赛达斯6个月大就能识读全部的英文字母了。这下，父亲惊喜万分，认为孩子是有天赋的，并且更加坚定了自己的教育理论的正确性。

接下来，赛达斯开始接触各种几何图形、数学算法、多种外国语言，甚至是医学解剖方面的专业知识，所玩的玩具也是各种教科书、地球仪和计算器等等。智力的开发和训练是很有效的，赛达斯2岁的时候能看懂中学课本；4岁的时候就熟知医学方面的知识，而且还发表了三篇关于解剖的论文；12岁的时候，他被哈佛大学破格录取，成为年纪最小的"天才哈佛生"。

然而，这个小小的"天才哈佛生"却没有继续辉煌的人生，由于揠苗助长式的教育，赛达斯的大脑开始变得迟钝、混乱，神经系统开始失常。他思维迟钝，时常在不该发呆的时候发呆，在不该笑的时候傻笑，精神状态也变得不正常，最后被送进精神病院进行治疗。那时，他只有14岁。

经过一段时间的治疗，赛达斯的精神恢复正常，但是再也不愿意回到那个家，不愿意再面对父亲。他选择离家出走、更名换姓，最后成为一名非常普通的商店售货员。

毫不夸张地说，前面提到的这两个"天才"的遭遇值得所有家长警醒，都是家庭教育的前车之鉴。若是家长能科学合理地教养孩子，合理开发他们的大脑，那么两人必将成为非常出色的人才。但是，他们的家长却违背了孩子的自然成长规律，最后毁掉了孩子。

有一位教育家曾经说过这样一段话："父母教育孩子不应该一开始就明确要将其培养成科学家或艺术家等，而应该以把他们培养成圆满的人作为目标。至于将来孩子是成为教育家、政治家、科学家还是艺术家，这些问题都应该留给孩子去思考，让他们自己去选择。"

所以，不要操之过急，不要过度教育，那种教育已经失去了教育的本意，根本就是揠苗助长。其结果是，家长和孩子的双输。

# 对于"优秀"一词，
# 你可能是有什么误解

　　"优秀"一词，似乎是家长对孩子最常用的评价。家长希望自己的孩子优秀，希望把孩子培养成优秀的人才。

　　优秀从来不拘泥于哪一种形式，更没有一个固定的模型。孩子并未成为第一名，可做到了最好的自己，那么他们就是优秀的。孩子并非才华横溢，可足够自信、勇敢，有一种积极向上的动力，做着自己喜欢并擅长的事情且小有成就，那么他们就是优秀的。

　　想要孩子更优秀，家长就必须从孩子的生理、心理、性格、智力等多方面出发，去给孩子创造一个轻松愉快的成长环境，不要让孩子稚嫩的肩膀去承受过高的负担，不要催促孩子去做超出他们身心发展和能力的事情。

## 做最好的自己就是优秀 ‼️

那么，什么样的孩子才是真正的优秀呢？来看看这个年轻人：

他从小就是"别人家的孩子"，成绩年年名列前茅。

他以优异的成绩考入一所名牌大学，英语成绩尤为突出。

大学二年级，他以96分、94分的优异成绩，通过了大学英语四、六级考试，在口语考试中获B+。

大学三年级，他托福考试拿到663分，离满分只差14分。

大学四年级，他参加GRE考试，数学拿到满分，作文仅扣1分，总成绩为1370+5；

之后，他参加全国大学生英语竞赛，力挫群雄，夺得一等奖。

此外，他每学期均获得奖学金，学习之余，爱好广泛。

他获得了留学美国的资格，在弗吉尼亚理工大学攻读农业和应用经济学博士学位。

这样的年轻人，按照很多家长的标准来说，可以说是十分优秀的。可就是这样优秀的年轻人，在留学期间因为求爱不成而残忍杀害了一名女同胞。

为什么会这样？因为他的优秀只限于学习成绩，并不包括心智、心理和品格。在成长过程中，他一心学习，只为提高成绩，拿到奖学金，得到家长和老师夸奖，可他的身心发展并不健全，心理承受能力不强，正因为如此，求爱被拒绝就记恨别人，陷入偏执，最终迷失了自己。

事实上，真正优秀的孩子，并不在于考了多好的成绩、会多少才艺，而在于拥有良好的品格和健康的身心。所以，家长千万不要对优秀一词存有误解，只关心孩子的成绩，只看重孩子的"成才"。

若是家长只认为孩子成绩好就是优秀，让孩子的成长只围绕着学习，那么即便他们成绩再好，精神世界也是苍白的，心理空间也是狭窄的。在这样的教育下，很多"优秀"的孩子无非就是"考试机器"。如果生活全是顺境，孩子或许能安然度过一生，可一旦遇到挫折或不顺，他们的内心就会崩溃。当各种不良情绪袭来，这些孩子很可能会做出危害自己、危害亲人以及危害社会的举动。

孩子若是只是学习成绩优异，不具备自理能力、社交能力，连最基本的生活、与人交往都应付不了，根本无法在社会上立足，这难道就是所谓的优秀吗？

家长期望孩子优秀的心情是可以理解的，但是，并不是你希望孩子优秀，孩子就真的优秀。更多的时候，家长错误的观念和教养方式，只会带给孩子无望和迷茫，成为孩子成长道路上的阻力。

家长需要明白一个道理，孩子并不是非要成为第一，成为顶尖人物才算是优秀。

这就好比每一棵大树都有各自的姿态，每一座高山都有自己不同的形状，如果我们非要说哪一种才是最美的，那显然是不合时宜的。同样，每个孩子都有其个性、潜能，非要让孩子不顾个性和潜能的限制，时时逼迫孩子，那也是不恰当的。

总之，优秀并非只局限于学习、才艺，并不意味着必须事事争先。正确地看待优秀，让孩子以正确的方式发展，那么他们离真正的优秀也就会越来越近。

# 你的孩子，
# 不应该成为你的复制品

　　都说孩子身上有父母的影子，继承了父母身上的一些特质。在成长的过程中，孩子走什么样的道路，能成就什么样的人生，这一切的一切都与父母有着至关重要的关系。

　　孩子永远不是父母的复制品。然而，有些家长却存在着错误的教育理念，把孩子当成了自己生命的复制品，或是人生的替代品。不管是为了一己私欲还是为了孩子好，这些家长都希望孩子能完成他们未完成的心愿，或是继续他们的事业或理想，让孩子走他们成功的道路。

　　于是，他们不顾孩子的想法和意愿，一味地强迫和控制孩子，要求孩子按照他们谋划出来的模式去发展。结果呢？孩子失去独立成长的空间，不能做自己想做的工作和事业，不能实现自己的理想，成了自己不想成为的样子。

　　他们可能是成功的医生，可是却想成为艺术家。他们可能是金融高管，可是却一点都不喜欢金融。只是因为前者是父母强加给自己的，他们就必须完成父母的理想，或是接过父母的"接力棒"。

　　这些家长的心情是可以理解的，但是，大人的理想和人生不应该成为孩子的未来。如果父母一味地想要把孩子当作自己的复制品，那么不仅会使孩子产生抵触和逆反情绪，还可能让孩子失去自尊、自信。即便他们是优秀的，也可能无法产生自我认同感，使得内心孤独、空虚不已。

# 孩子不是父母的复制品 !!

| | |
|---|---|
| 姓名： | 梦梦 |
| 身份： | 舞蹈家的女儿 |
| 困扰： | 她最喜欢的职业不是做舞蹈家而是医生 |
| 结果： | 跟妈妈说出了自己的心里话 |

有位母亲，具有非常高的舞蹈天赋，再加上后天的勤学苦练，成了颇有名气的舞蹈家。女儿梦梦继承了母亲的舞蹈天赋，于是这位母亲便满心欢喜地培养她，希望她能继承自己的事业，成为出色的舞蹈家。

梦梦刚4岁，母亲就把她送进了最好的舞蹈培训机构，平时自己也给予她贴心专业的指导。梦梦还小，没有自己的想法，只是知道妈妈喜欢跳舞，自己也喜欢跳舞，所以就心情愉悦地学着、跳着。等到12岁时，梦梦已经有不错的舞蹈功底了，多次在比赛中得奖。人们都夸母女两人，说"有其母就有其女""两人都是美女舞蹈家"。

可是，等到梦梦十七八岁时，发现自己并不是真正喜爱舞蹈，小时候只是受母亲影响太深罢了。梦梦向母亲提出了自己的想法，想把舞蹈作为兴趣爱好，然后专心学习文化知识，将来成为一名医生。可母亲接受不了。在她看来，女儿是自己的继承人，就应该和自己走一样的道路。之后，母亲每天都督促梦梦练舞，还强迫孩子报考舞蹈学院。她时常在孩子耳边唠叨："你一定可以成为优秀的舞者，不能给我丢脸！"

在母亲的要求下，梦梦无奈报考了舞蹈学院，可大学一毕业，她就再也不跳舞了。面对母亲的抱怨和指责，梦梦说出了自己的心里话："妈妈，因为你是一位成功的舞蹈家，所以也想把我打造成第二个自己。我知道或许你是为了我好，可我不是你的复制品，也不应该只是复制你的人生。我希望做自己想做的事情，成为自己想成为的人，只有这样我才能找到自己的人生价值，你说呢？即便我不那么光鲜亮丽，即便我可能会失败，可是这人生是我自己的，是我靠自己的努力拼搏来的。"

没错，恰如梦梦所说，孩子应该过自己的人生，而不是父母的人生；孩子应该成为自己想成为的样子，而不是成为父母的复制品。作为家长，千万不能把自己的想法强加在孩子身上，让孩子失去声音、身份和自我。这是爱孩子的表现，也是对孩子负责的表现。

## 鼓励孩子为自己的人生做主 !!

然而，在现实生活中，把孩子当作复制品的家长实在太多了，他们从未问过孩子的想法，也从未考虑过孩子的兴趣和爱好，总是固执地、一厢情愿地下血本，鞭策孩子朝着他们的理想奋斗。殊不知，每个孩子都是独立的个体，他们的人生和未来应该掌握在自己的手中，而不是父母的手里。父母应该成为孩子人生的支持者和成就者，而不是成为给予孩子最致命的伤害的人。

好在大多数家长还是比较理性的，能尊重孩子的选择，鼓励孩子拥有自己的理想，并引导孩子为实现理想而努力。毕加索就是这样一位开明的家长。

　　和所有希望孩子能够继承自己事业的家长一样，毕加索对于自己的孩子也寄予了厚望，希望他们能成为绘画大师。毕加索有一个女儿，名字叫作芭洛玛。在芭洛玛小的时候，毕加索就看出她有绘画天赋，于是时常鼓励她接触绘画，让她在画室中玩耍。一开始，芭洛玛也喜欢涂涂画画，并且尝试着开始学画画。

　　可是，到了14岁时，她突然对绘画失去了兴趣。即便毕加索要求她安心画画，她也很难坐下来，总是心不在焉。虽然毕加索心里感到非常遗憾和惋惜，但是，他并没有强迫女儿，而是告诉她："你已经长大，有了自己的思想，有了自己喜欢做的事情。虽然你是我的女儿，但是没有必要非像我一样，成为一名绘画家。既然你不喜欢绘画，就按照你的想法去做吧！"

　　这些话给了芭洛玛很大的鼓励，之后她开始寻找自己感兴趣的事情。后来，她发现自己爱上了珠宝和服饰设计，于是把大部分时间用在学习设计上，最终成为一位非常著名的服装和珠宝设计师。

　　家长应该学习毕加索，不把孩子当作附庸品，而是尊重孩子和欣赏孩子，引导孩子找到自我。我们应该明白：孩子是父母生命的延续，也离不开父母的养育，但是孩子绝不是父母的复制品。即便你的人生再辉煌，即便你的规划再出色，也不能逼迫孩子复制你的人生，按你规划的模式去生存和发展。

　　让孩子完全按照你的想法去做，按照你走过的路去走，难道孩子就可以复制你成功的人生吗？即便复制了，那又怎样呢？这是你想要的人生，不是孩子真正想要的，甚至是不适合孩子的。最后孩子的内心是痛苦的，精神是空虚的，而你又快乐吗？请所有家长记住：你的孩子，不是你的替身，也不是你的替代品。你应该改变自己错误的教育观念，尽量以尊重为前提，让孩子走自己的人生，并活出自己想活的样子。

# 第二章 反天性生长，是孩子一生无法愈合的伤

让孩子顺着天性成长，他们才能健康、自信，感到成长的快乐和幸福。可一些家长的心态是急躁的，教养方式是错误的，不仅不接纳孩子，反而喜欢逼迫、控制和束缚孩子，结果让孩子失去了本性和生命的自由性。

# 现在有些孩子，
# 极其缺少生命的自由性

有些孩子或许天性不聪明、贪玩、内向，可他们依旧一步步地向前走，努力做好每一件事。家长却不接纳孩子，焦急、愤怒、抱怨、责骂，一味催促孩子成长快一些，一味让孩子变听话、变聪明、变外向。殊不知，这样的教养违背了孩子的天性成长，带给孩子的除了伤害，别无其他。

或许家长的初心是好的，可是方式是错误的。没有耐心，不接纳孩子，只会让孩子失去本性，缺少生命的自由性。一旦如此，孩子的身心将受到严重伤害，甚至无法健康地成长，失去生机和活力。

或许有些家长会辩解：现在竞争压力这么大，孩子不快速成长，如何在这个社会立足？可这些家长有没有想过，孩子失去生命的本性和自由性，失去了真实的自我，又何谈成长呢？

身为家长，让孩子自由成长，不人为地改变他们本来的样子，这才是对孩子最好的爱。

# 牵着一只蜗牛去散步！！

有一首诗歌，名叫《牵一只蜗牛去散步》。对于那些逼迫孩子的家长来说，或许有一定的警醒作用。这首诗歌是这样的：

上帝给我一个任务，

叫我牵一只蜗牛去散步。

我不能走得太快，蜗牛已经尽力爬，

每次总是挪那么一点点。

我催它，我唬它，我责备它。

蜗牛用抱歉的眼光看着我，

仿佛说："人家已经尽了全力！"

我拉它，我扯它，我甚至想踢它。

蜗牛受了伤，它流着汗，

喘着气，往前爬……

真奇怪，

为什么上帝叫我牵一只蜗牛去散步？

"上帝啊！为什么？"

天上一片安静。

"唉！也许上帝去抓蜗牛了！"

好吧！松手了！

反正上帝不管了，我还管什么？

任蜗牛往前爬，我在后面生闷气。

咦？我闻到花香，

原来这边有个花园。

我感到微风吹来，

原来夜里的风这么温柔。

慢着！我听到鸟叫，我听到虫鸣，

我看到满天的星斗多亮丽！

咦？以前怎么没有这些体会？

我忽然想起来，莫非我弄错了！

原来上帝是叫蜗牛牵我去散步。

在诗歌中，蜗牛天性行动慢，可即便累了、伤了，依旧坚持着往前爬。而"我"呢？看着行动缓慢的蜗牛，内心充满抱怨和责怪，不时地责骂、训斥、打骂，甚至还想要彻底放弃，全然忘了它只是一只蜗牛，更忘了享受与蜗牛散步的快乐。

孩子只是孩子，他们有自己的能力、自由、天性，需要按照自己的天性自由地发展。家长可以对孩子寄予希望，给予孩子教养和引导，但是更应该给孩子足够耐心和尊重，让他们慢慢地朝着自己的方向发展。

家长放慢脚步，学会等待和尊重，并且还给孩子生命的自由，孩子才能活出自我、活出精彩！

# 为孩子着想，
# 也不要用自己的想法绑架他

　　"我都是为你好！""我不会害你的！""孩子听父母的没错，这些都是为了你！"这些都是一些家长喜欢说的话，伴随着孩子的每一次选择和成长。

　　不可否认，绝大多数家长是爱孩子的，也是真的为孩子好。但是为孩子着想，就真的对孩子好吗？

　　实际上，当家长说出"我都是为你好"时，就是在用自己的意愿绑架孩子。他们希望孩子按照自己说的去做，希望孩子能无条件地服从自己。在这样的绑架下，孩子会失去自由，失去选择和决定的权利，更失去自我。他们只能被父母推着走，走一条自己不喜欢、不适合的道路。结果，孩子的一生可能被毁掉，他们的内心也容易产生无法愈合的伤。

# 不要总打着爱孩子的旗号绑架孩子！！

《寻梦环游记》是一部不错的电影，主人公是一个名叫米格的小男孩。米格非常喜爱音乐，可是他的祖母却极其厌恶音乐，坚决反对他学习音乐，更不允许他追求音乐梦想。因为他的祖父为了追寻音乐梦想抛弃了家庭，造就了这个家庭的悲剧。

米格太喜欢音乐了，他想说服祖母允许自己追寻音乐梦想，但是祖母非常固执，还砸坏了米格自制的吉他。米格伤心又愤怒，悲愤之下离家出走。

米格离家之后，开始了一系列的冒险之旅，还意外进入亡灵界。想要重返人间，他必须得到长辈的祝福。可是，祖母依旧固执己见，坚决反对米格接触音乐。祖母提出了条件：想要得到祝福，米格就必须保证在今后不再接触任何与音乐有关的东西。

米格非常不解，问祖母为什么如此反对自己喜爱音乐。祖母说："我是为了你好。"

不可否认，祖母是爱米格的，是真的为孩子着想。她认为音乐是害人的，会害米格的人生变得不幸，所以一直强迫米格放弃梦想。但是，这真的对米格好吗？她的爱和所谓的为孩子着想，只是用自己的想法来衡量一切，然后用爱来绑架和强迫米格服从自己。她没有想过米格是真的爱音乐，更没有考虑过放弃音乐米格是否痛苦，是否会失去自我。

可悲的是，类似的家长并不是少数。他们都是打着为孩子着想的旗号，对孩子进行各种控制、强迫，几乎不给孩子任何自由和选择权。为孩子着想，一些家长替孩子选择兴趣爱好，只因为这些兴趣爱好对孩子升学、生活有好处，却没考虑孩子是否喜欢和适合；为孩子着想，一些家长催促、强迫孩子学习，甚至剥夺了孩子休息、娱乐的时间，让孩子每天都疲惫不堪；为孩子着想，一些家长事事为孩子包办，从不让孩子动手，让孩子失去锻炼的机会……

可是，孩子不是任何人的附庸品，他们有自己的想法，有自己的兴趣爱好，更有自己的理想和追求。随着年龄的增长，他们希望能独立、自由，能自己做主，一旦被家长以"为你着想"的名义绑架和强迫，孩子就会陷入痛苦，天性还可能被扼杀。

# 不强迫、不控制才是真正爱孩子

**烦恼小档案**

| | |
|---|---|
| 姓名： | 方超 |
| 身份： | 七岁的小学生 |
| 困扰： | 妈妈干涉他的一切 |
| 结果： | 他对妈妈发了脾气，说出了心里话 |

七岁的方超是个聪明的小孩，从小被父母疼爱，不管提什么要求都能被满足。方超妈妈很爱孩子，力求把每一件事都帮他安排好。可慢慢地，这份爱有些过界了，变成了过度的控制和强迫。刚开始，方超还很听话，所有事情都按照妈妈的意愿去做。

随着年纪的增长，方超便有些抱怨和反抗。这个时候，妈妈就会说："妈妈是为了你好。"这让方超一次次妥协和退让，可最近他却爆发了，和妈妈发生了冲突。事情是这样的：方超认识一个新朋友，是一个小区的同学，两人都喜欢踢球，喜欢看《铠甲勇士》。两人一起玩耍，一起上下学，仿佛是亲兄弟。

可没过多长时间，妈妈便找方超谈话了，她说："孩子，妈妈发现你最近学习不积极，只想着踢球和玩耍。我觉得这和你新交的朋友有关，我了解了一下，这孩子其他方面很好，可就是不爱学习、太淘气，你以后少和他来往。"

这下方超急了，大声质问："为什么？他是我最好的朋友！"

妈妈说："我是为了你好！近朱者赤，近墨者黑，你应该多和……"

方超激动地说："你整天说为了我好，可是你哪里为我好了？你只是为你自己好，想要一个听话、学习好的孩子！

"你说为了我好，不让我玩电脑手机，可是我连一点娱乐时间都没有，每天都累得很，你是为我好？你又说学跳舞可以提升气质，为了我好让我学习舞蹈，可你有没有问过我喜不喜欢跳舞，有没有考虑过我适不适合跳舞？现在，你又说为了我好，干涉我交朋友！如果这就是为了我好，我宁愿你不对我好！"

说完，方超就愤怒地回自己房间了。听了方超的话，妈妈说不出话来，不明白自己明明为孩子着想，孩子为什么如此反感和不理解。

不可否认，方超妈妈的"为孩子好"的确是为孩子着想，但是这已经成为爱的绑架，让孩子失去了自由和权利。

真正为孩子着想，家长应该做到不强迫、不控制，而不是以此为借口要求孩子按照自己的想法和要求去做。真正为孩子着想，家长应该学会放手，让孩子学会自由成长，让他们尝试做自己喜欢的事情。

不要担心孩子会犯错和失败，不要担心孩子会跌倒和受伤。只有按照自己的想法和意愿去做，孩子才会慢慢地成长，才会成为他们最好的模样。而这个时候，家长只需给予孩子引导、支持和鼓励就足够了。

# 小心点!
# 别把孩子的独特性抹除了

　　家长应该做到慢养孩子，这个过程是正向的、积极的，不过分期盼，不抹平孩子的个性，耐心对待孩子，用冷静和睿智来教养孩子，不让孩子反天性成长。

　　若是孩子的独特性被抹除，被条条框框限制住，就可能沦为平庸。若是孩子提出新奇的主张和奇怪的想法，父母一味否定和打压，孩子的棱角或许会被磨平，思想也会被限制，慢慢地失去自我。

　　教育是一门艺术，没有一种通用的法则适合所有孩子。家长只有接纳孩子的个性，给予孩子包容和理解，然后让其自由发展，才不会把孩子的独特性抹除，才能发掘出孩子身上的潜能。

## 每个孩子都有自己的独特性！！

有这样一部影片，讲的是一只与众不同的公牛的故事。这只公牛出生在公牛世家，家里其他成员都很勇敢，是斗牛场上的胜利者。可它却是一个例外，它性情温和，不爱争斗，不喜欢上斗牛场，最大的爱好就是到山谷里闻鲜花，享受那里的美好和安静。

因为它独特、另类，所以受到了其他公牛的排挤，遭到同伴的嘲笑和批判。不得已，它只能逃到一个远离家乡的小镇上。然而不幸的是，它被人捉到并且被送到了斗牛场。可面对斗牛士的百般挑衅，它依旧保持温驯，不愤怒、不攻击。

来呀，冲呀！

我并不喜欢争斗。

为此，它面临着斗牛士的刺杀，很可能失去生命。然而它依旧保持真我，看到鲜花就坐了下来，静静地闻着花香。最后，它的行为感染了斗牛士和观众，斗牛士放下了手中的剑，而全场观众也向它抛来鲜花。

这是个美好的结局，另类的公牛保持自我，最后得到了别人的认可。可仔细想想，这难道不说明一个道理吗？一个人如果在可能会受到别人的嘲笑和批评时，仍保持自我，坚持自己的想法，就有可能得到他人的认可和尊敬。

## 正因为有个性，孩子才是独特的

同样的道理，每个孩子都是独特的，有的性格讨喜，有的性格不讨喜，有的擅长表达，有的不擅长表达。但是，不管孩子是什么样的，家长都应该接纳和尊重他们。因为正是这份独特，孩子才会成为独一无二的存在。

有一位妈妈每晚都会给女儿讲睡前故事。这一天，她给孩子讲《灰姑娘》的故事，孩子听得很认真。故事结束后，妈妈问女儿："如果灰姑娘在12点之前没有跳上南瓜车，她会怎么样呢？"

女儿想了想说："那她可就惨了，被她的后妈发现了，以后就肯定去不了舞会了，也就不能遇到王子了。"

妈妈说："是的。所以我们要记住，无论做什么事情都要守时。"然后妈妈又问孩子，"如果灰姑娘一开始因为后妈的阻拦而打消去舞会的念头，那她还会遇到王子吗？"

"当然不会。"孩子果断地回答。

"没错。这个故事说明，无论什么时候都不能放弃梦想。"妈妈说。

女儿歪着脑袋，突然说："妈妈，《灰姑娘》里面有个错误，当时钟指向12点时，施在灰姑娘身上的魔法都会消失，可是水晶鞋没有消失。"

这位妈妈非常惊讶，对女儿说："宝贝，你听得可真认真。你看，伟大的作家也会出错，但出错并不是什么可怕的事情，你要是能成为作家的话，一定比他还要棒。"

很小的一件事却体现了这位妈妈对孩子的接纳和尊重，她尊重孩子的个性，接纳孩子的不同想法。如果这位妈妈不懂得尊重孩子，要求孩子必须按照她所说的去理解故事，那么教育很可能是没有效果的，还会产生不良影响。之后，孩子很可能不敢说出自己的想法，不能发展自己的个性，只能成为家长的复制品或是附庸品。

事实上，家长不用担心孩子因为与其他孩子不同而会不合群，会孤独，会无法变出色。正因为孩子与众不同，所以才能成为最独特的一个。就好像太阳有太阳的光辉，月亮有月亮的柔和，让每个孩子保持自己的样子，坚持自己的想法，他们的生命才会绽放不一样的光彩。

# 你为他们安排好的人生，
# 孩子可能走不通

网络上曾流传过这样一个段子：

5岁：孩子，我给你报了少年宫；

7岁：孩子，我给你报了奥数班；

15岁：孩子，我给你报了重点中学；

18岁：孩子，我给你报了高考突击班；

23岁：孩子，我给你报了公务员；

32岁：孩子，我给你报了《非诚勿扰》……

很多家长总是在替孩子操心，担心他们做错事、选错路，没有美好的未来，于是想尽办法为孩子营造美好的生活环境，按照自己的想法、希望、兴趣、经验为孩子安排人生。家长认为给孩子安排好了人生，孩子就会是美好的、成功的。然而，孩子有孩子的权利和自由，他们不是没有思想的机器人，他们没有办法按照家长设定好的程序去执行。

家长按照自己的意愿早早就为孩子安排人生，却忽略了孩子也是拥有自己独立价值和自我意识的人，结果就很难如期望那般美好。原因很简单，在家长的安排下，孩子失去了独立思考的能力与心灵的自由，心有不甘却又无力反抗，如何去努力做事和拼搏？又何谈对生命和未来充满希望？

## 孩子有自己的人生 ！！

或许有家长会说："我是用心良苦，全心全意为了孩子的未来着想。""我吃过的盐比孩子吃过的米多，如此安排才能避免孩子走弯路。"可要知道，孩子的路就应该自己去闯，孩子的未来就应该自己去规划，即便摔了、痛了，也是他们亲身感受，即便失败了、走了弯路，也是他们亲身经历。

一个人只有做自己想做的事情、成为自己想成为的人，才算是有价值的，没有白白到这个世界走一遭，至于那些伤痛和失败都是个人宝贵的财富，也只有经历这些，未来才能获得成功和幸福，人生才变得更有意义。而这些是一切听家长安排的人无法领悟的。

更何况孩子完全按照家长的安排按部就班地做这做那，没有自己的人生计划，那这样的人生还是他们自己的吗？

不知大家是否看过电影《楚门的世界》。

主人公叫楚门，他从小到大一直生活在一座叫桃源岛的小城里（实际上是一座巨大的摄影棚），而他则是这座小城里的一个平凡的保险经纪人。

楚门看上去似乎过着与正常人完全相同的生活，可他却压根不知道桃源岛这座小城中的所有一切都是为他而准备的，摄影棚里覆盖着庞大的摄影网，一天24小时，360°全程拍摄楚门的一举一动，并全球直播。

岛上的所有居民都是《楚门的世界》的演员，包括楚门的爸爸妈妈，太太与好友。而他们与楚门说的每一句话，做的每一件事皆是导演事先安排好的台词。楚门从小就被不停地灌输着一种思想，即外面的世界很危险，只有桃源岛才是最安全的。虽然小楚门有着探索的欲望，但是当身边的人不断重复告诉他桃源岛非常安全很适合居住时，他还是妥协了。

就这样，一直过了二十多年。直到有一天，楚门突然发现自己似乎一直在被人跟踪，当他故意打破自己的生活规律时，最真实的一幕呈现在他眼前。他忽然发现，原来，自己二十几年来的生活就这样赤裸裸地展现在大家的眼皮底下，毫无隐私可言！

悲痛万分的楚门在极度的震怒之后，毅然决然地想要离开这个海岛，去寻找属于自己真正的生活和真正关爱他的人。为了阻止楚门离开，节目组在大海里施以雷击、风暴、海浪，但是楚门并没有屈服。

眼看阻止无望，集这个肥皂剧的制作人、导演和监制大权于一身的克里斯托弗又采取了诱惑政策，他劝说楚门不要离开桃源岛，并说他如今已经是世界上最受欢迎的明星之一，只要能留下来，他就可以继续过着明星的生活。但最终，受够了欺骗与摆布的楚门不为所动，毅然踏上了走向远方、寻找自由的路程。

> 不，我有自己选择的路要走！

> 孩子，你要往这条路走。

仔细想想，那些为孩子安排人生的家长不就跟这个制片人一样吗？他们为孩子制造了一个"世界"，所有的一切都是经过设计的，所有的一切都是按照他们的意愿来安排的，孩子只能亦步亦趋地去做。唯一的区别是楚门不知道自己被安排、被设计，而这些孩子则从小到大都知晓，却无力反抗，甚至已经失去反抗的意识和能力。这难道不比楚门更可悲吗？

家长应该知道：孩子是你们生养的，但是你们没有权利为他们安排人生，也没有权利阻止他们如何过自己的人生。你们的安排看似是为孩子好，实际上是对孩子的伤害。这样的教育还可能让孩子逐渐形成懦弱无能、缺乏主见的性格。家长总不能永远为孩子安排。人的生命是有限的，当你们离开后，而孩子又缺乏主见和独立能力，他们之后的人生又怎么可能走得好、走得通？

家长有家长的人生，孩子有孩子的人生。如果真的爱孩子，家长就应该把权利还给孩子，让孩子自己做主。家长可以成为孩子人生路上的导师，可绝不能成为孩子人生的操纵者、控制者。做到尊重和欣赏孩子，让孩子的生命得到自由伸展，那么其生命便会绽放不一样的色彩。

# 总是想控制孩子，
# 很可能将他们毁掉

现在"妈宝""巨婴"似乎成了流行词，那些被如此称呼的孩子也受到社会各界人士的嘲笑、鄙视和嫌弃。可仔细想想，孩子之所以成为"妈宝""巨婴"，根源也许在于家长。

溺爱、控制使得孩子越来越依赖家长，有的孩子从小没做过家务，直到上大学了，还因为无法照顾自己而要家长陪读。更重要的是，孩子从小就缺乏独立意识，性格上也慢慢地出现一些缺陷，自卑、孤僻、抑郁几乎如影随形。

控制式教养，对于孩子的杀伤力是非常大的。家长爱孩子，但是总想着控制孩子，不愿意对孩子放手，可能会毁掉他们的人生。

# 不要控制孩子的人生 ！！

前几年，一篇控诉父母的万字长文在网络上流传，引起了社会轰动，也让很多人陷入沉思。写下这封控诉信的是一位北大高才生，是人们眼中最出色最优秀的孩子。

他从小就是一个让父母感到非常骄傲的孩子，学习从来没让父母操过心——他是市级高考理科状元，后被北大生物专业录取，本科毕业后又成功申请了美国一所名校的研究生……

然而，就是这样一个"别人家的孩子"，出国留学后，十二年都不曾回家过春节。之后，他"拉黑"了父母，删除了他们所有的联系方式，拒绝和父母联系和沟通，甚至还决定再回北大去攻读心理学方面的博士学位，以解决自己长期压抑造成的心理问题。

为什么他如此痛恨父母，甚至不惜彻底与父母决裂？在控诉父母的那封万字长信里，他回顾了自己与父母的种种过往。他在信中写道："从小到大，自己都在父母'清单式'的教养下生活着，不管是学习、交友还是日常的穿着与打扮……"字里行间，满满的都是对父母"肆意操控"的不满与怨恨，同时他还控诉父母对他过度关爱，事事操办，几乎不给他任何权利和自由，而这一切导致他从小就自卑、孤僻，丧失社交能力，甚至存在着严重的心理疾病。

尽管毕业于名校，但由于动手能力差、人际交往困难，他频繁跳槽，始终找不到一份适合的工作。后来，他凭借英语优势出国读研了，但谁知，父母的"关爱"并没有随着他的出国而告一段落，依旧如影随形。他前脚刚到美国，后脚父母就找到一位在美国的老朋友"照顾"自己。在与父母的沟通中，他坦诚自己与父母的那位朋友并无任何共同语言，但父母却依然不管不顾，要求他听从安排，还想要通过这位朋友继续控制和"指导"他。

他说："如果父母对孩子教育的最终目的是要控制孩子，那么我的父母算得上是出类拔萃的典范，他们所有的付出都只是为了牢牢控制我的人生，并整整控制了三十年之久。"

孩子性格有缺陷，失去自我，家长被埋怨、被痛恨，最后亲子关系彻底破裂，双方甚至如仇敌一般，这样的教育是何其悲哀啊！

很多家长说不放手是为孩子好，说为孩子安排这个设计那个是为孩子好，可看上去那么"体贴""周到"的行为实际上就是对孩子的控制，就是在剥夺孩子独立成长的机会。不可否认，绝大部分家长都是爱孩子的，但是我们需要思考一个问题——什么是真正的爱。真正的爱首先就是把孩子当作真正的人，尊重他们，接纳他们，顺应他们的天性。

# 放手让孩子自己成长！！

真正的爱是：给予孩子关爱，让他们用自己的翅膀去飞翔，而不是禁止他们继续往前走，更不是抱着他们走；给予孩子教育，让孩子学会自己做事，学会自己成长，而不是无时无刻不想控制孩子，想让孩子成为家长所希望的样子。

电影《小王子》里那位望女成凤的妈妈，或许可以给家长一些启示。为了让孩子赢得成功而美满的人生，这位妈妈带着女儿搬进了学区房，并给孩子制订了非常严苛的学习计划。处于高压下的小女孩没有童年、没有快乐，她的内心非常渴望自由地翱翔！

现实生活中这样的家长并不在少数，他们总觉得为孩子好，然后对孩子高期望、严要求，不惜督促、暗示、强迫，甚至欺骗孩子，目的就是把孩子的一言一行打磨到极致，让孩子变成他们心目中完美的样子。长此以往，处于高压下的孩子根本无法承受，结果只有两种：不是极力反抗就是内心崩溃。

因此，家长的正确做法是让他们用自己的翅膀去飞翔，只有这样，孩子才能学会独立，更自由而又健康地成长。这才是父母对孩子最好的爱。

# 处处受限的孩子，
# 终究无法真正长大

匈牙利爱国诗人裴多菲说："生命诚可贵，爱情价更高。若为自由故，二者皆可抛。"自由，对于一个人来说比任何东西都重要。然而，生活中很多家长却剥夺了孩子的自由，使得孩子处处受限，失去了独立自主的机会，更失去了自由发展的权利。

原本这些家长的目的是让孩子更好地成才，可事实上，因为受到种种局限，孩子的成长反而变得更加艰难。

## 要允许孩子做各种尝试 !!

几条小鱼被养在小鱼缸里，一直在鱼缸中自由自在、怡然自得地生活着。两年过去了，小鱼几乎没有成长，依旧是三寸来长。人们都以为小鱼是这样的品种，只能长三寸这么大。后来，鱼缸被人打破，小鱼被暂时放在鱼池里养着。结果短短两个月后，人们惊奇地发现，本来三寸的小鱼竟然长到了一尺长。

原来并不是小鱼不能成长，而是鱼缸限制了它们。

同样的道理，很多时候并不是孩子不能成才，而是父母限制了他们成才。所以，想要孩子更好地成长，家长就应该给予孩子足够的自由，不要让孩子处处受限。

弗洛姆说："在一切爱的关系中，自由最重要。"这句话更适合亲子关系，在对孩子的教养中，家长应该舍弃太多的关爱、约束和琐碎的管制，允许孩子做自己喜欢的事情，允许孩子尝试各种事情，并且允许他们慢慢地远离自己。

随着孩子年龄的增长，他们会学到各种能力，同时还会体现出对自由的向往。这个时候，若是父母借着爱的名义处处限制孩子，把孩子的行动和思想都禁锢起来，那么孩子不仅不能真正长大，还会使得心灵上出现一辈子都难以愈合的伤口。

## 给孩子一定的自我成长空间 !!

罗飞是一个非常乖巧的男孩，父母也把他照料得很好。

| | |
|---|---|
| 姓名： | 罗飞 |
| 身份： | 被父母照料得很好的初中生 |
| 困扰： | 他想挣脱父母的束缚，可都没用 |
| 结果： | 时间一长，他也不再反抗了 |

　　父母平时对罗飞宠爱有加，总是担心孩子外出会受到欺负，所以很少带他出门，只是让他在家里一个人玩或者一个人看电视。久而久之，缺少玩伴的罗飞性格变得内向与孤僻起来，害怕与陌生人相处，上学后无法融入集体。

　　在老师的建议下，父母开始带罗飞外出，可是依旧处处加以限制。在小区花园里，别的小孩子都在玩"打仗游戏"，高兴地奔跑打闹，罗飞瞬间就被吸引住了，可父母却担心罗飞摔倒而不让他参与。学校组织春游，规定不允许家长跟随，其他同学都报名参加，可罗飞父母却担心孩子小，怕老师照看不周而发生意外，没有为他报名。

　　除此之外，他们对罗飞还有比较多的限制，比如不能爬高上梯、不能吮吸手指、不准哭闹、不准大声说话、大人说话的时候不要插嘴等等。一开始，罗飞还会心有不满，会不小心违反这些"规矩"，可是每当他违反了这些规定，就会受到严厉的惩罚。当然，罗飞偶尔也会不甘愿被父母束缚，会用哭闹、拒绝沟通甚至离家出走来表达自己的不满。可是这些反抗都无济于事，丝毫不能让父母做出改变。渐渐地，在父母的约束和监督下，罗飞学会了完全按照父母所划定的范围来生活和做事。

　　随着时间的推移，罗飞变得越来越"乖"，能够按照父母的想法和规定去学习、生活。但是，这样一来，罗飞本身具有的自由天性和创造力完全被束缚了，许多有趣的想法和创意都被父母生生扼杀掉了。

自由对孩子非常重要，失去自由的孩子很难独立自主，很难真正成长。限制孩子的行为，他们的思想也会被禁锢，心灵也会遭受荼毒。相反，只有给予孩子独立、自由的空间，让孩子把自己心里所想的表达出来，让孩子自由自在地生长，他们才能更好地释放生命的价值和魅力。

当然，不限制孩子并不是撒手不管、放任自流，而是不事事包办、处处限制。这样既能让孩子在大自然的环境中自由成长，又可以对孩子进行适当的引导和教育，让孩子体会成长的快乐。

# 让孩子带着自己的属性自主成长

在孩子的成长过程中，家长需要明白这样一个道理：给孩子释放天性的机会，让孩子做他们想做的事情，让孩子带着自己的属性自主成长，这样对他们的成长和学习才是最有利的。

然而，很多情况下，一些家长不懂得这个道理，或是即便懂得这个道理，却无法真正做到让孩子自由地成长。他们因为担心孩子摔倒，所以不让孩子骑自行车；因为担心孩子溺水，所以不让孩子游泳；因为担心孩子出现危险，所以不让孩子与同伴自由地玩耍……

殊不知这种管教就是典型的因噎废食，因为担心的事情太多了，所以限制的事情也太多了；因为保护欲太强了，所以把孩子自由的翅膀都剪断了。结果，在这样的环境下，孩子的天性被抹杀，成长被限制，甚至使得各方面的能力逐渐退化，变得优柔寡断，胆小怕事，缺乏自理能力、思考能力、交际能力，变成了"与众不同"的孩子。

# 给孩子一些释放天性的机会 !!

有一位哲人曾这样告诫所有的父母："不要压抑了孩子的天性，世界上最有价值的财富就蕴含在孩子的天性中。"对于孩子来说，天性是最宝贵的、最有价值的。

刘亦婷在《哈佛女孩刘亦婷》一书中写到，自己小时候曾路过一座特别有趣的桥，于是兴致勃勃地在桥上跑来跑去，乐此不疲地跑了半个多小时。妈妈在一旁很担心她的安全，可是没有强迫她停止跑跳，也没有催促她离开。在那半个小时内，妈妈让她随心所欲地玩着，让她能满足自己的好奇心。

之后，刘亦婷妈妈也是用同样的态度对待孩子的学习和生活的，给予她充分释放自己天性的机会。刘亦婷总是可以自由地去探索、去试验，即便是玩也是自己玩够了再做其他事情。正因如此，刘亦婷成长得非常优秀，成绩好、自信，成了一名出色的女孩。

**烦恼小档案**

| | |
|---|---|
| 姓名： | 程宇 |
| 身份： | 小学四年级学生 |
| 困扰： | 妈妈什么事都不敢放手让他去做 |
| 结果： | 妈妈试着对他放手，他开心了很多 |

程宇是个10岁男孩，上小学四年级，妈妈对他很溺爱，但管得也多。虽然学校离家只有200米左右，且在小区里，可妈妈每天都接送他上下学——在整个班级里，只有他是这样，其他孩子早就结伴上下学了。

四年级上学期，班级里转来一个新同学，程宇和他脾气很相投，两人很快成为好朋友。那个男同学胆子特别大，经常独自一人到程宇家，与程宇一起玩游戏或是写作业，就连晚上也是如此。

最初，程宇妈妈对这个新同学的举动有些疑虑，因为在她的意识里，孩子私自到别人家玩是不对的，会让家长担心，也容易出现安全问题。可和对方家长聊过之后，她才发现对方家长非常支持孩子这样做，而且表示自己家孩子早就可以自由活动了。这个新同学想做什么就可以做什么，只要不做有危险的事情就可以。比如，他想到公园里或是同学家里就可以自己做主，只要完成作业，并且保证不乱跑、不跑出小区就可以。

通过和这个新同学的家长的交流，程宇妈妈发现自己似乎过于保护和控制孩子了，几乎让孩子失去了自由和独立。与这个新同学相比，程宇好像只是五六岁的小孩子，心智不成熟，各种能力也欠缺。于是，程宇妈妈决定也尝试着放手，让程宇多和新同学玩，让他们一起上下学和做功课。

过了一段时间后，程宇妈妈发现，在新同学的带领下，程宇变得勇敢、乐观了，而且还有了自我意识。他经常向妈妈争取自由支配时间的权利，要求在完成作业后也能独自去同学家玩儿。看着程宇的进步，妈妈便准许了孩子的请求，只是规定晚上9点之前必须回家。

同时，虽然程宇变得有些"贪玩"了，做什么事情都有点"肆无忌惮"了，但是学习成绩却没受影响，在期中考试时还有了很大进步，进入了班级前十名。不仅如此，程宇脸上的笑容也多了，更愿意和家人、同学交流了。

对于孩子来说，最好的教育就是维护并释放孩子自然的天性，让孩子带着自己

的属性长大。所以，家长应该给孩子一些释放天性的机会，为孩子提供自由宽松的生活环境。

在视线之内，家长应该做到不威逼利诱、不干涉指责，让孩子尽情地学习和玩耍。同时，家长还应该多让孩子在视线之外自由活动。当孩子享受到自由，孩子自然就可以展现自己最真实的性情，发展自己的个性和能力，从而更健康地成长。

## 适时给孩子一些自主和自由!!

对于孩子来说，画自己喜欢的画，或是唱自己喜欢的歌，就是幸福和快乐的；

自主地选择自己的兴趣爱好，按照自己的兴趣学习，成为自己想成为的人，就是莫大的满足。可生活中有些家长却把自己的想法强加给孩子，习惯用自己的喜好来要求孩子，剥夺了孩子的自由和自主，导致孩子在约束和压力下与原本的样子形成强烈的反差。

家长千万不要把自己的想法和意愿强加给孩子，应该尊重孩子、接纳孩子，并且给予孩子足够的自主成长的机会。

蔡志忠是著名的漫画家，他之所以能有所成就，是因为有一位思想开明的父亲。从蔡志忠小时候开始，父亲对他的行为举止就不会随意约束，而是给予他自由选择的权利。他的父亲是一位著名的书法家，和其他家长不同的是，父亲并未逼迫蔡志忠子承父业学习书法，而是在知晓他迷上漫画后，依然选择无条件给予他理解和支持。

蔡志忠上中学后，对漫画表现出极度的喜爱，简直到了入迷的地步。一有空他就会去书店看漫画，回到家里他大部分时间也用来看漫画、画漫画。由于对漫画过度痴迷，他的学习成绩一落千丈，还因此被留级。虽然他的父亲很生气，但并没有逼迫他放弃自己喜爱的漫画，而是教育他不要因为兴趣爱好而耽误学习。

后来，蔡志忠因为漫画画得出色，被一家漫画出版社看中。为了热爱的漫画，他决定放弃学业，独自一人到台北工作。临走的前一天晚上，父亲坐在客厅的藤椅上看报纸，蔡志忠走到父亲身边说："爸，我明天要去台北。"

父亲头也不抬，问道："你找到工作了吗？"

蔡志忠回答："找到了！"

父亲点点头说："嗯，那就去吧！"

换作其他家长，若是孩子想要为了漫画而放弃学业，可能会对其严加训斥、管教，说孩子"不务正业""不肯学好"。蔡志忠的父亲却非常冷静，接受和支持孩子的选择，给予他足够的自主和自由。

后来，蔡志忠成为出色的漫画家。《时代周刊》的记者问他的父亲："您怎么就放心让儿子离家远走呢？"

蔡志忠的父亲淡淡地回答："对儿子的行为，虽然我平时很少过问，但其实我一直都很注意他的一切。我了解他的兴趣、爱好与天分，所以才会给他自由，让他去勇敢做自己想做的事情，结果如何我并不担心，只要他能认真做事就好。"

蔡志忠是幸运的，因为他的父亲非常开明，不仅没有逼迫他子承父业，还给了他自由发展的空间，促使他顺从自身的天性健康地成长。正因为如此，蔡志忠才能很好地发挥天赋，并且取得了骄人的成绩。

什么是成长？其实，成长就是一个破茧成蝶的过程。茧蛹不停挣扎，历尽艰辛，褪掉身上青涩丑陋的外衣，努力在阳光下抖动自己轻盈美丽的翅膀，为终于成蝶骄傲欣喜。虽然这个过程很艰难，但这是顺从天性的自主成长。若是人为地限制、约束茧蛹，或是为了它好——缓解它的痛苦，为它剥掉蛹，那么它根本无法变成蝴蝶。

孩子的成长也是如此。家长若是不顾孩子的天性、兴趣、意愿，只为让他们成为所谓的成功者，只为让他们取得好成绩、找到好工作，就固执地剥夺孩子自由发展的空间，剥夺孩子追求兴趣的权利，那么孩子很可能无法顺利成长。

因此家长应该明白，孩子顺从天性自主成长是至关重要的，这是他们优秀、成功、快乐、幸福的前提，也是孩子最大的精神动力。

孩子的成长之路非常长，没有哪个家长能帮孩子走完全程。管教和控制孩子，只能取得一时的作用，甚至会起到反作用。做一个为孩子鼓掌的家长，在孩子摔倒的时候呵护他们，疲惫的时候鼓励他们，选择的时候冷静旁观，失败的时候激励和引导，这样便已经足够了。

# 第三章 不完美才是真实的，身心成长需要适当的超越与突破

每个人身上都有这样那样的缺陷和不足，虽然这些缺陷和不足会让人看起来不那么完美，但就是这些不完美造就了一个人的生命特质。家长不能奢求自己的孩子完美，更不能奢望把孩子打造成完美的样子。不完美才是真实的，才是生命该有的样子。

妈妈，我不是一个完美的孩子。

但你是我最爱的孩子。

# 孩子不需要你给他们设定出来的完美

　　问家长一个问题：你们是完美的人吗？几乎所有家长都会摇头，当然除了那些自我感觉良好的人。既然如此，你们为什么要求孩子必须是完美的，非要把孩子打造成完美的人呢？

　　在一些父母看来，自己的孩子应该是完美的，也必须是完美的。他们不能容忍孩子身上有缺陷和不足，一旦发现孩子有哪些地方不能让自己满意，便会想方设法改变孩子。孩子有些内向，家长会强迫孩子大方些、开朗些，甚至逼迫孩子去社交；孩子有些胖，家长就嫌弃孩子"太胖""不漂亮"，督促孩子减肥；孩子学习不算好，成绩排不上前几名，家长就给孩子报各种培训班，整天逼迫孩子努力学习；孩子没有艺术细胞，家长就觉得这是天大的遗憾，会影响孩子未来的发展，于是不惜花费物力财力去培养孩子的艺术才能……

　　要知道，这个世界上没有完美的人，更没有完美的孩子。即便孩子有这样那样的缺点，也不意味着就是缺陷，就无法成为出色的人。

　　家长不需要给孩子设定"完美的人生"，而是要学会接纳和尊重。只有这样，孩子才能感受到爱和支持，而这也是孩子内心最迫切的渴望，会令他们成长得更好、更出色。相反的是，若是家长强迫孩子变得完美，就可能阻碍孩子的自然成长，甚至让孩子的心理遭受巨大的伤害。

# 家长不要要求孩子过于完美!!

一个女孩毕业于著名大学,因学业、艺术、体育等方面都表现得很优秀,考上了麻省理工学院的MBA。毕业之后,她获得了不错的工作,成为华尔街的一名高级白领。可就是这样的女孩,突然选择轻生了。

这是为什么呢?一个优秀的女孩为什么会做出如此让人震惊的决定?一瞬间人们议论纷纷、猜测不断。后来,人们在她的文字中找到原因,她写道:"我非常精确地按照父母的旨意在26岁生日那天办完了我中西合璧的婚礼,并开始准备完美的28岁在顶尖商学院生小孩的计划。生活到这个时候,虽然很辛苦,但一直都是所谓的完美。然而,回到家里关上门,问题却非常深刻。"

原来,女孩的父母能力非凡,是各自专业领域的卓越人才,正因为如此,他们对女孩的要求也非常高,希望女孩能成为完美的人,成就完美的人生。就这样,女孩的一切都必须按照父母的完美设定来执行,学习、出国、就业、结婚、生孩子……

然而,这样的完美不是她想要的,甚至让她倍感压抑、痛苦,几乎窒息。她被驯化着、控制着,却不甘于此,于是内心充满矛盾,无法平衡,只能用自杀来结束这一切。

女孩留下的最后一句话是这样说的:"一切都不管了,我再也不要被人唾弃地以他人的标准去循规蹈矩地爬了。"看到了吧?虽然在外人眼里她是优秀的、完美的,但是在内心她认为自己是"被人唾弃"的,"循规蹈矩地爬"的,只因为这一切都是父母为她设定的,只因为她从小到大都备受父母的打击和逼迫。

可以说，家长的追求完美是一种破坏性的教育，是伤害孩子的利器，更是一种违反孩子天性的行为。家长的完美期待会让孩子独立的自我无法正常舒展，会让孩子内心变得自卑、孤僻。更为重要的是，家长的完美设定只会衬托出孩子的不完美，让孩子内心冲突不断，直至失去自尊和自信。

每个孩子都是独特的，那些所谓的不足和缺陷都是他们身上的特征，只要家长给予孩子正面的引导和教育，孩子便可以成为最好的自己。因此，在教养孩子的过程中，家长要学会接纳和尊重孩子，千万别按照自己的意愿给他们设定什么"完美的人生"。

# 每一种性格，都有它的独特性

有些家长总是喜欢拿别人家的孩子跟自己家的孩子相比，自己家的孩子内向，就说不如别人家的孩子活泼乐观；自己家的孩子外向，就说不如别人家的孩子懂事、沉稳；自己家的孩子顽皮，就要求孩子规矩些；自己家的孩子自信，就批评孩子自以为是……

尤其是孩子性格内向的家长，总是嫌弃孩子不够好，不大方、不善交际、不招人喜欢，担心孩子长大后没有什么大出息。可这些家长忘了，孩子的每一种性格都有其独特之处，不论是内向还是外向，都是自身发展中的性格。家长不能不加以分析就断定内向不好、外向更好，而是应该尊重孩子的天性，发现孩子的优势，让孩子尽情展现自己的能力和才华。

# 要尊重和接纳孩子的个性！！

丽丽是个性格内向的女孩，天生不爱说话，也不爱与人交往，所以朋友不多。因为性格内向，她有什么不高兴的也不喜欢和人说，时常会隐藏自己的情绪，给人一种孤僻、清高的感觉。

丽丽喜欢一个人待着，空闲的时候就读书、写作业，累了就看会儿电视、听会儿音乐。可是，丽丽的妈妈认为女孩子的性格应该外向、活泼，这样才容易招人喜欢，以后容易在社会上立足。所以，她总是让丽丽活泼些，积极主动地参加学校的活动。每次丽丽在家看书时，妈妈就不停地唠叨："你这样不善交际，迟早有一天会吃亏。你看看，那些优秀者哪一个不是外向大方，哪一个不是自信满满，你这样内向孤僻还想有什么出息吗？"

对于丽丽的一些行为，妈妈一直是持反对意见的。当丽丽提出想去学书法时，妈妈便强迫她去学跳舞。之后，妈妈又不顾丽丽的意愿给她报了语言表演班，认为这样可以锻炼丽丽的表达能力和社交能力。

但是，在妈妈的干预下，丽丽的性格不仅没有变得外向，反而越发内向了，甚至还有些社交障碍。很多时候她宁愿封闭自己也不愿与人交流，还出现轻微抑郁的情况。

看到了吧！家长片面地认为孩子的性格内向不好，强迫孩子改变自己的行为是不妥的。这表面上看是为了孩子好，实际上只会害了孩子。孩子喜欢安静，家长偏让他们参加各种活动，孩子不愿与人交流，家长偏强迫他们说话、表达，如此只会扭曲孩子的天性。

我内向，不爱说话。

我外向，就喜欢和人打交道。

要知道，性格各有优劣，性格内向的孩子内心世界丰富多彩，沉着安静，处事谨慎，善于思考；性格外向的孩子开朗活泼，自由奔放，做事不拘小节，人缘更好。但不管怎样，性格没有好坏、优劣之分，内向的孩子不代表就肯定不能在社会上立足，就肯定没有什么大出息，外向的孩子也不代表就肯定生活、工作顺风顺水，就肯定能成为佼佼者。

事实上，美国有一项针对社会精英的调查研究显示，内向的人智商更高，内向的人才是外向的人才的三倍。比如我们熟知的"股神"沃伦·巴菲特、比尔·盖茨、牛顿、爱因斯坦等都是性格内向的人，他们不善社交，喜欢独处。

性格内向从来不是孩子的劣势，而是上天给予孩子最独特的一个礼物。家长若是发现自己的孩子内向，不善于交际，不太活泼，请不要嫌弃、抱怨，更不要强迫他们变得外向。如果能尊重和接纳孩子的个性，并且进行适当的引导、激励，孩子就会变得越来越自信，然后发挥出内在潜能，绽放出光彩。

这是因为孩子最需要的就是家长的接纳和肯定，这会让他们获得良好的自我认同感，建立自信。恰如心理学家詹姆斯所说："人类本质中最殷切的要求是：渴望被肯定。"孩子内向，但得到父母的认同，就会建立自我认同感，这种认同感不断积累，最终会形成对自我的客观认识和肯定。

可若是家长一味认为内向不好，强迫孩子变得外向，那么孩子就难以建立自我认同感，时间久了，就会失去自信与勇气，甚至认为自己一无是处。当然，若是你的孩子外向，家长也不要强迫孩子改变，外向的孩子若是得不到家长的接纳和认同，也会变得自卑而又脆弱。

接纳孩子的性格，鼓励和培养孩子在某些方面的兴趣爱好，不管内向或外向的孩子，都会实现自己价值，并且做得更出色。

# 孩子顽皮，
# 是一种缺点吗

在很多家长眼里，孩子的顽皮淘气是一个令人头疼的问题。他们认为孩子顽皮淘气就是不听话、不懂事，就是身上最大的缺点，所以一旦发现孩子顽皮，就会大声指责，甚至还会打骂。

可是，有些孩子本性可能就是顽皮的。家长不能总是要求孩子听话，更不能把孩子驯化成"乖宝宝"，否则，孩子可能出现自闭、自卑、没有主见、缺乏勇气等心理缺陷。之后，因为不能独立自主，即便孩子内心有想法，也很难大胆地说出来，甚至会习惯听从和屈服。更严重的是，孩子会习惯忽视自己的需求，压抑自己的欲望，使得之后的人生道路并不好走。

孩子只是孩子，顽皮淘气可能是他们成长过程中展现出的一种行为特质。家长不应该把孩子的顽皮淘气当作错误来纠正。恰如意大利著名教育家蒙台梭利所说："孩子的吸收性心智、敏感期和自发性活动都是内部的因素。这些内部因素要得到发展，需要适宜的环境，孩子要与环境相互作用，这样孩子的潜能才能得到发展。让孩子释放天性，在自由的环境下自主成长，才能促使他们获得知识以及全面的发展。"

不妨来看看教育家陶行知先生是如何做的。

# 顽皮淘气不是孩子的缺点 !!

陶行知先生主张科学地教育孩子，尊重和接纳孩子的天性，而不是利用管教把孩子变成"乖宝宝"，更不是一味限制和束缚孩子的行为让孩子失去自由。

一个10岁的男孩很顽皮淘气，她的母亲很是头疼，于是带着孩子请教陶行知先生，希望能让孩子改掉这个毛病。这位母亲说："这个孩子非常顽皮淘气，时常闯祸，还把家里的东西拆得乱七八糟。尽管我们打也打了骂也骂了，可是他的这个毛病就是改不掉，还越大越淘气。这不，前几天他又将爷爷传下来的怀表给弄坏了。唉，这孩子太顽皮了，我真的是不知道该如何管教了。"

陶行知听到这位母亲的抱怨，微笑着说："怀表坏了是小事，还可以再修好，可是一个未来的发明家很有可能就在你的责骂下消失了。"

这位母亲有些惊愕，不知道这话是什么意思。

陶行知接着说："你知道孩子为什么顽皮淘气吗？为什么总是喜欢拆卸家里的东西吗？为什么总是喜欢搞破坏吗？"

这位母亲摇摇头，脸上满是疑问和茫然。

陶行知解释说："孩子拆怀表，说明他对这块表产生了浓烈的好奇心，所以想拆开一探究竟。他想凭借自己的想象力把拆开的怀表重新组装起来，但结果失败了。既然孩子好奇，家长就应该给予正确的引导和支持，让孩子满足好奇心。其实，你可以和孩子把怀表一块送到钟表铺，请钟表师傅修理，然后让孩子在一旁观察和学习。这样一来，钟表铺就成了孩子学习的课堂，而钟表师傅就成了教书先生，你的孩子就成了学生，修表的费用就成了学费，而你孩子的好奇心得到满足，且能更好地成长，难道不是两全其美吗？"

顽皮淘气真的不是孩子的缺点，而是某些孩子在生理、心理发展到一定程度时出现的一种成长现象。一般来说，顽皮淘气的孩子往往比乖乖听话的孩子更聪明、思维更活跃、创造力更强，同时也更自信、更坚强、更有毅力。

在淘气的过程中，孩子的内心暗藏着求知、探索的渴望，希望能通过对事物的观察、触摸、聆听及联想来满足自己的好奇心和探索欲。这个时候，他们的视觉、触觉、听觉、嗅觉、味觉都得到了锻炼和发展，思维和创造能力也得到了提高。

可若是家长一味对孩子进行约束和管教，想办法把他们变成言听计从、循规蹈矩的"乖宝宝"，那么孩子的这些能力就很难得到锻炼和发展，同时身心还会受到严重的伤害。因为自身的能量得不到积极有效地释放，孩子会变得焦躁、压抑，甚至慢慢地封闭自己。

因此，家长应该正确对待孩子的顽皮淘气，站在孩子的角度去思考问题，不过分管教和强迫，学会理解孩子调皮捣蛋行为的背后含义。当然，这不意味着对孩子放任自流，家长若是发现孩子过于顽皮，时常故意闯祸、犯错，就应该多加引导和管教，切不能让孩子成为人人厌恶的"熊孩子"。

# 孩子偶尔犯错，
# 是正常的

　　孩子犯错，大部分家长的第一反应是批评、训斥，甚至有些家长还会随意打骂。可是哪有孩子不犯错的？况且有时他们只是无意做错而已。

　　孩子偶尔犯错是正常的，也许是出于好奇，也许是不能控制自己的行为，只要行为没有超出正常的限度，家长就应该理性而宽容地对待，引导孩子认错改错就好了。家长若是固执地认为犯错就是坏行为，然后不分青红皂白地阻止、训斥和处罚，就会让孩子不知如何行动，手脚和思维都受到束缚。

　　换句话说，好动、顽皮是孩子的天性，虽然他们的行为会有些出格，但这些出格的行为里蕴含着思考、勇敢、想象力、创造力等等。家长如果一味训斥和惩罚孩子，便会制约孩子的天性。正确的做法是，对孩子的出格行为加以正确的引导和指引，让孩子学会思考和分析，知道什么是正确的、什么是错误的，什么可以做、什么不可以做，然后学会对自己的行为负责。

# 没有不犯错就长大的孩子 ‼

在一次美术写生课上，老师给孩子讲述了一个小鸭子的故事，然后又讲解了鸭子的一些基本特征以及画鸭子的方法。紧接着老师给了孩子每人一张白纸，让他们充分发挥自己的想象力，在纸上画一个自己想象中的关于鸭子的故事。孩子高兴极了，迫不及待地开始自己的创作。

只有一个女孩不专心画画，到处乱跑，看看这个孩子的，又瞅瞅那个孩子的。女孩的妈妈很着急，立即把女孩拉回座位，说："你怎么不认真画画？太淘气了，快点画！"

女孩回到座位，冥思苦想了好久才开始动笔。画画的时候，女孩也是磨磨蹭蹭的，好半天才画了半只鸭子。

旁边的家长议论起来，说这孩子怎么只画一个鸭屁股，哪有鸭子的样子？还说这孩子为什么不按照老师指导的方法去画……

听了这些话，女孩的妈妈更着急了，急躁地对女孩说："你看你这画得不对啊，怎么不按老师说的画？快点重新画，听到没有！"

听到大家的议论，老师赶紧走过来，对大家说："大家先别着急，孩子肯定还没有画完呢，先让她慢慢画。"随后老师对女孩说，"孩子，画画时应该专注认真，不能过于急躁，也不能漫不经心，这样才能画出漂亮的画，对吗？"

女孩听了老师的话点点头，然后开始专心画画。过了一会儿，所有孩子都完成了作品，老师让孩子给家长讲述所画的内容。

轮到女孩时，家长都很好奇她能讲出什么样的故事。女孩站起来，自信地说："我画的其实是鸭妈妈和鸭宝宝的故事。有一天，它们一起去外面玩，可是小鸭子和妈妈被人群给冲散了，小鸭子只能到处寻找妈妈。它问青蛙叔叔："青蛙叔叔你好！请问你看到我的妈妈了吗？"青蛙叔叔说："没看到呢！"小鸭子又去问乌龟阿姨："乌龟阿姨你好！请问你看到我的妈妈了吗？"乌龟阿姨同样也说没看到。小鸭子不停地找啊找，终于在一个小湖边找到了自己的妈妈。原来，天气太热，妈妈在湖里潜水，所以只露出了一个屁股在水面上。"

看到孩子画出不错的作品，故事这么精彩，女孩的妈妈很是后悔，后悔刚才那么武断地批评孩子，而不是耐心地教导和鼓励她。


对待孩子的出格行为，家长不要急于去纠正，哪怕孩子在这个过程中真的犯了错，家长也要耐心观察了解孩子，弄清楚他们出格和犯错的原因，然后用合理的方法把孩子的行为引向正轨，这才是对孩子最正确的教养。

诚然，没有一个家长希望孩子犯错，可是这个世界上没有不犯错就长大的孩子。孩子的成长，就是不断犯错、改错的过程。

家长要允许孩子犯错，然后把正确的道理告诉他们，引导他们及时消除消极的因素，避免犯同样的错误，知道今后该如何去做。

然而遗憾的是，很多家长过于要求完美，看不得孩子犯错，看不得孩子行为的出格。他们常常严格要求孩子，要求孩子不能犯一点错，否则就会严加管教和惩罚。这对孩子是不公平的。大人都不可避免地会犯错，更何况是心智不成熟的孩子呢？

当然，这不代表家长要纵容孩子犯错，若是过于纵容，孩子就会成为蛮不讲理的"混世小魔王"。

家长应该认识到具体问题具体分析的重要性，对于孩子犯错的行为不能一概而论。具体来说，有些出格行为是孩子体验生活的一种经历，并不存在绝对的对与错，这个时候家长要和孩子进行良好而有效的沟通；有些无意犯的小错，可能是孩子不能控制自己或是没有是非观念导致的，家长及时指出即可；若是孩子犯的错涉及品格、原则的问题，那么家长就应该严格管教了，坚决杜绝孩子再犯的可能性。

总之，家长不能要求孩子完美，而应该学会用一种理性的态度来面对孩子的错误，采取有针对性的、高效的教育方法，如此孩子才会走向更加精彩的人生。

# 如果孩子让你不满意，
# 更要多多欣赏和鼓励

想要孩子优秀，家长应该用欣赏的眼光看待孩子，即便孩子身上有不完美的地方，也应该多多欣赏和鼓励，而不是否定和打击。因为在孩子眼中，家长的欣赏和鼓励就是对自己最大的激励。

心理学家曾经做过一个实验：给一些学生布置一项任务，并将这些学生分为三组。他对第一组学生说了许多表扬和赞美的话，并肯定他们的能力，鼓励这些学生尽快完成任务；对第二组学生，他恶语相向，说了很多斥责和批评的话，并对学生的能力进行了否决；对第三组学生，他不管不问，任由他们发展。结果，第一组最先高效地完成任务。

由此可见，欣赏和赞扬对于孩子来说是很重要的，可以让孩子更积极主动，更具有信心、勇气和毅力。

皮格马利翁效应同样反映了这一点，即赞美、信任和期待具有一定的能量，能够改变一个孩子的行为。当经常得到家长的信任、赞美和支持时，孩子就会变得自信、积极，获得一种积极向上的动力。可若是总是受到家长的批评、指责和无视，孩子就很容易自我否定，变得越来越不自信。

被家长否定和打击时，孩子期盼能得到尊重和信任；被家长妄加批评和指责时，孩子幻想能得到欣赏和夸奖；被家长训斥和打骂时，孩子祈求能被温柔以待。可事实上，很多时候，孩子的希望会一次次落空，只是因为家长采用了错误的教养方式。

## 肯定的话语要经常挂嘴边 ！！

烦恼小档案

| | |
|---|---|
| 姓名： | 敏芝 |
| 身份： | 初中生 |
| 困扰： | 因为她很内向，妈妈总是批评她 |
| 结果： | 妈妈改变方式，经常表扬她，她慢慢交到新朋友了 |

敏芝是一个胆小怯懦的女孩，性格内向，容易害羞，与人说话时声音都轻得跟蚊子声一样，而且脸还会变得一片通红。她不敢主动表现自己，虽然学习成绩不错，可不敢回答问题，不愿意参加学校的活动，就连老师选她做课代表都被她拒绝了。

起初，敏芝的妈妈没怎么在意，觉得孩子长大一些就会变得大胆、自信起来。可是，敏芝变得越来越胆小内向，回答老师问题时都低着头。这让敏芝妈妈担忧不已，便时常督促敏芝改变，强迫她变得外向、勇敢，一旦发现敏芝不敢表现、不敢与人说话，妈妈就对她进行严厉批评。可批评的效果并不好，还起到了反作用。

为此，敏芝妈妈只能求助于老师，希望能找到改变孩子的方法。老师对敏芝妈妈说："孩子之所以会胆小内向，多半是因为自卑造成的。想要孩子变得乐观开朗，就要用欣赏的目光去看待孩子，不要吝啬自己赞美孩子的言语。您回想一下，平时是不是总是对孩子表现出不满，是不是总是否定和批评孩子？"

确实如此，敏芝妈妈似乎很少欣赏和鼓励敏芝，敏芝成绩不错，可总是进不了前几名，于是每一次考试过后妈妈都会批评她。敏芝喜欢安静，不善与人交流，可每次妈妈都训斥她，说她没礼貌、不自信。就这样，敏芝的自卑感越来越强烈，渐渐变得不爱说话。

敏芝妈妈找到原因后，决定改变自己的教育方法，多找机会鼓励和夸奖孩子。期末考试成绩出来后，敏芝并没有太大进步，可英语和数学成绩提高了好几分。这一次，妈妈夸奖起敏芝来："敏芝，妈妈从来没有发现你英语成绩居然很不错，而且书写非常漂亮。这一次你考得不错，排名虽然没提升，可英语和数学成绩都提高了一些。妈妈相信你下一次一定能考得更好。"

假期回老家时，敏芝虽然还是很害羞，可见到亲戚们也能主动打招呼。妈妈看到她的进步，鼓励说："嗯，很不错，敏芝。你现在可以主动跟亲戚打招呼了。"

在妈妈的欣赏和鼓励下，敏芝慢慢发生了改变，成绩有了很大突破，社交能力也有所提升。她开始主动回答问题，主动参加学校的活动，而且还结交了一些新的朋友。这一刻，敏芝妈妈才真正明白，每一个孩子都该用欣赏的眼光去看待，因为欣赏可以让孩子变得更好。

由此可见，是否定还是欣赏，是批评还是鼓励，对于孩子的成长来说是非常重要的。每一个家长都应该深刻反思，自己对于孩子是否定和批评居多，还是欣赏和鼓励居多。

孩子的心灵是脆弱敏感的，如果家长用否定与批评的眼光去看待孩子，会使孩子的性格变得越来越自卑、胆小、阴郁、孤僻，很难健康地成长。若是用欣赏和鼓励的眼光去看待孩子，不仅能塑造孩子自信勇敢、乐观向上的性格，还能让孩子更深地体会到家长的爱。

可以说，孩子就像是一张白纸，家长如何作画决定了孩子未来的模样。从家长那里获得的欣赏和鼓励会影响孩子的一生，同样，从家长那里得到的否定和打击也会伴随孩子的一生。而且，那些否定、批评、打压的影响更让孩子难以忘怀，即便他们成年后有所成就，内心依旧会存在伤痕。

所以，不要吝啬对孩子的肯定和鼓励，多多欣赏和夸奖孩子，让孩子清清楚楚地明白他们也是优秀的孩子。只有认识到自己的优秀，孩子才能更加自信、努力，然后变得更加优秀。

# 别拿别人家的孩子，
# 将自己的孩子比下去

"你看看人家××，学习成绩多好，你就整天只知道玩，成绩一塌糊涂！"

"你看看人家××多才多艺，你笨得像只熊！"

"人家××是班干部，每个学期都得好几张奖状，要是你能拿回来一张奖状，我就会高兴得不得了！"

"××真是懂事又乖巧，每次见到大人都会主动打招呼。你看看你，总是往后躲！"

……

"别人家的孩子"是很多孩子的噩梦，也是很多孩子最讨厌的人。因为家长总是喜欢拿他们和别人家的孩子比较，认为别人家的孩子乖巧听话、聪明能干、学习好、有才华，而他们处处不如人、事事做不好。

或许家长只是恨铁不成钢，只是为了激励自己的孩子做得更好，但实际上，这几乎没什么效果，反而还会给孩子的自尊心和自信心造成很大的伤害。

# 孩子不是你炫耀的工具 ！！

| | |
|---|---|
| 姓名： | 沛沛 |
| 身份： | 小学生 |
| 困扰： | 妈妈总是拿她跟别人比 |
| 结果： | 她感觉自己一无是处，冲着妈妈大哭 |

小女孩沛沛曾经悲痛地质问自己的妈妈："你能不能别拿我和人家的孩子比，我也很努力，我也有进步，为什么你就看不到！既然你对我这么不满，为什么还生下我，为什么不当别人的妈妈？！"

沛沛的妈妈是一名高级白领，不仅在工作上争强好胜，在生活上也希望处处比别人强。生了孩子之后，沛沛妈妈自然也就喜欢拿沛沛和别人家的孩子做比较。孩子小的时候比乖巧、比听话，大一些比才艺——谁有舞蹈天赋、谁有绘画才华，上了小学又比成绩、比谁是班干部。若是沛沛比别人好，沛沛妈妈便扬扬得意，到处向人炫耀。可若是沛沛比不上人家，沛沛妈妈便焦躁不安，抱怨和指责孩子为什么不如人家。

有一次，沛沛妈妈公司组织员工旅游，可以带自家孩子参加，沛沛妈妈便打算带沛沛一起参加。可沛沛有些不愿意去，因为她知道妈妈的同事也会带孩子去，到那时妈妈又要和人家比来比去了。她嗫嚅着说："妈妈，我可以不去吗？"

沛沛妈妈一边收拾行李一边说："不可以，妈妈难得带你出去玩，你怎么可以不去呢？再说了，你还可以和那些叔叔阿姨家的小朋友玩耍。"

"可就是因为有很多小孩，我才不愿意去啊！"沛沛在心里小声抱怨说。就这样，沛沛跟着妈妈参加了这次旅游，沛沛妈妈的同事一看到沛沛，便夸奖说："一段时间不见，沛沛又长漂亮啦！听说她前一段时间参加了一个钢琴比赛，结果怎么样呀？"

说起这个，沛沛妈妈又炫耀起来，笑着说："还好，得了第三名。这次比赛的人数多，有很多才艺出众的孩子，我家沛沛能拿到第三名就很好了！"

一位同事应和着说："是的，第三名已经很厉害了。对了，咱们公司来了一位新同事，他家孩子好像也学钢琴，也参加了不少比较大的比赛。听说那孩子才8岁，钢琴已经考了满级，而且还经常参加数学比赛，下个月那孩子还要参加全国性的数学竞赛呢！"

听了这话，沛沛妈妈的情绪立即不好了。这个时候，那位新同事正好带着孩子过来，先前那位同事笑着说："你们两家的孩子都很有才华，可以交流交流教育经验。"经过一番交流，沛沛妈妈觉得新同事家的孩子处处都比沛沛强，于是私下对沛沛说："你看看人家，真是多才多艺啊！我平时让你练琴，你还不情不愿的，你说说你有什么可骄傲的！"

被妈妈训斥后，沛沛情绪很低落，便安安静静地低着头坐在角落里，听着妈妈夸奖别人家的孩子，还数落自己的不足。回家后，妈妈还时常拿那个孩子和沛沛比较，好像沛沛真的一无是处。就这样沛沛再也忍受不了了，情绪失控地质问妈妈。

每一位家长或多或少都有这样一种心理：希望自家孩子更优秀，若是自家孩子不如别人家的孩子就会不甘心，然后要求孩子向别人学习。可是，孩子有自己的个性、能力、优点，并不愿意被家长说自己比别人差。如果家长总是将自己的孩子与别的孩子对比，那么将会有两种结果，一种会令孩子生出虚荣感，一种会令孩子

你看看人家的孩子，为什么那么优秀，你再看看你！

失去自信心，然后会经常自我否定。不管是哪一种结果，无疑都会影响孩子的身心健康。更何况，孩子不是家长比较、炫耀的工具，家长若是看不到孩子的努力和进步，一味地进行攀比，只会让孩子感受不到爱和信任，进而产生强烈的叛逆心理。

家长爱孩子就不要拿自家孩子和别人家孩子做比较，而是要学会看到孩子身上独特的潜能与气质，然后给予正确的引导和激励。随着孩子渐渐长大，这些潜能与特质就会慢慢被激发出来，成就自己的出色。

# 孩子不是父母的仿制品

有些家长管教孩子的时候，往往习惯用一些批评、否定，甚至伤人自尊的话语，来刺激、来鞭策孩子，认为这样的方式是为了孩子好，可以让孩子产生一种危机感。

可孩子产生了危机感，接下来会如何呢？

孩子或许能够成为家长所期望的"完美小孩"，改掉这样那样的"缺陷"，或许会失去自己的特性，变得不再是当初的自己，这结果就真的好吗？

# 一味模仿容易让孩子失去自我!!

想起一个寓言故事——邯郸学步。

故事发生在两千多年前，燕国寿陵有一个家境极好的少年，长相俊朗，聪明有才华，可少年非常不自信，时常觉得自己处处不如人。因为觉得自己不如人，少年喜欢模仿别人、学习别人，看见什么就学什么。可是因为他学的东西太多了，学了这样就忘记那样，从来没有一件事能做好。

有一天，少年去茶馆喝茶，茶馆内有几个刚刚从邯郸城回来的人在一起聊天，他们说邯郸人走路的姿势非常好看。少年觉得自己走路的姿势很难看，想跟邯郸人学习，于是询问他们邯郸人如何走路。没想到那几人听了之后并未理会他，反而大笑着离开了。

之后，少年每天都想着学习邯郸人走路，终于有一天，他瞒着家里人，带着一些钱前往邯郸。到了邯郸后，他整天站在街上，仔细研究邯郸人的走路姿势。看到小孩走路很活泼，他就学习小孩的走路姿势；看到老人走路很沉稳有劲，于是学习老人的走路姿势；看到妇女走路优雅美丽，又学习妇女的走路姿势。

少年学了很久，但一直学不好。他的钱花光了，只能准备回家，可是因为只顾着学别人，竟把以前走路的姿势忘记得一干二净，不知道如何走路了。

这个寓言告诉我们，善于模仿和学习是值得肯定的，但是一味地模仿和学习别人，只会失去自我。同样的道理，家长一味要求孩子学习别人家的孩子，不考虑自己家孩子的实际情况，也只能是害了孩子。

孩子之间本没有优劣之分，只是个性、能力有所不同罢了。每一个孩子都应该有权利成为最独特、最真实的自己。家长一味让孩子学习其他孩子，难道不是在培养别人家的孩子吗？

## 模仿别人永远做不成自己 !!

其实，生活中大部分家长都懂得这个道理，也不会按照自己的意愿和标准去培养孩子，因此，孩子才能充分发挥自己的天赋，成就自己的出色。

李轩学习成绩优秀，小小年纪就能写一手好字，多次参加书法比赛并获得大奖。一些书法大家非常欣赏李轩，说他的字漂亮大气，很有特色，能自成一体。对一个十来岁的孩子来说，这无疑是很了不起的事情。不少家长听闻李轩的事迹后，纷纷让自家孩子练习书法，希望自家孩子能成为李轩这样的孩子。可是，虽然这些孩子字写得不错，却没人能有所突破。

这些家长不甘心，纷纷向李轩妈妈请教成功的秘诀。李轩妈妈笑着回答："李轩从小就喜欢写毛笔字，我就为他找来很多书法家的字帖，还送他去书法班学习。李轩很有天赋，那些书法大家的字他都模仿得很像。可是，模仿出来的字远远没有他自己写的字有灵气、有特色。后来，李轩自己也表示，他模仿别人的字时并不开心，只有按他自己的想法写字时，他才觉得快乐。所以，我决定不再让李轩模仿别人，而是让他专心写自己想写的字。事实证明，我们的做法是正确的，李轩凭着自己的天赋将毛笔字写出了自己的特色。"

模仿别人，永远也写不出拥有自己特色的字。同样，模仿别人，也永远发挥不出个人特色。家长需要反思一下，你是期望孩子成为别人的影子，还是想让孩子呈现他们本来的天赋和能力，做最出色的自己呢？

我就是我，只做自己。

孩子是独立的个体，不需要按照别人的轨迹来行进，也不需要成为某个优秀者的影子。若是家长不考虑孩子的独特性，一味地让孩子模仿和学习别人，只会使其失去自我，成为别人的仿制品。

更何况每个孩子的性格、心智、兴趣、爱好、能力等都不尽相同，适合别的孩子的并不一定适合你的孩子。即便你用同一个模板来打造孩子，他们也不一定同样优秀，反而可能会因为被放入错误的容器而彻底"变形"。

家长给孩子最好的教育，就是尊重孩子，并让他们按照自己的个性去发展。这样一来，孩子或许不如别人家的孩子优秀，但他们拥有自己的特点。

# 那些"不老实"的孩子，
# 引导好了更有出息

任何事情都有两面性，换一个角度去看，坏的事情或许就能变成好的事情。家长认为孩子存在的缺点，引导好了，或许能成为一种优点。那些"不老实"的孩子，让家长感到不满，可事实上他们也有很多优点，比如聪明、勇敢、善思考、敢探索、独立自主能力强。

可以说，孩子是好还是不好，关键在于家长如何看待。

家长应该做到这一点：面对孩子的"不老实"，应该客观冷静地看待，而不是片面地认为"不老实"的孩子就是"熊孩子""坏孩子"。真正做到接纳和赞赏孩子的合理行为，往正向引导孩子的过度行为，而不是扼杀孩子的"不老实"，才能让孩子在将来更有出息。

# 对调皮的孩子要进行正确地引导!!

柏峤是一个7岁的男孩，平时活泼好动，很不老实。为此，柏峤妈妈感到很头疼，时常教训他要听话些、老实些，可效果并不明显。

一天，妈妈要去同事家做客，庆祝同事乔迁之喜。柏峤听说后，便缠着妈妈一起前往。一路上，好动的柏峤让妈妈感到很尴尬和头疼。公交车上明明有空座位，这孩子偏偏不坐，反倒选择抓车上的扶手站立着。可是因为他个子矮很难够着，只能踮着脚，身子还摇摇晃晃的。这样的情况很容易出意外，尽管妈妈进行多次劝说，柏峤就是不愿意坐下来。

好说歹说一番后，柏峤才愿意坐在妈妈旁边的位置上。可是，还没消停几分钟，他又发现了"好玩的事"——用嘴在车窗玻璃上哈气，然后画起了卡通人物。等妈妈发现时，柏峤已经画好了一个卡通人物，他还对妈妈说："妈妈，这是我给你画的抽象画，你看像不像?"

只见画像中妈妈的头发是竖起来的，嘴巴非常大，脸也变了形。身旁的乘客都不自觉地偷笑起来，柏峤妈妈尴尬地小声训斥他说："画的什么乱七八糟的，快点擦掉!"谁知柏峤笑着说："不用擦，一会儿它就不见了!这你都不知道，真是太笨了!"妈妈被柏峤的话语气得够呛，只好自己动手将玻璃擦干净。

坐了半个多小时公交车，柏峤一刻都没有停歇，搞得妈妈身心疲惫。好不容易到了同事家，妈妈又担心柏峤太调皮，便叮嘱他不能太好动、太淘气。柏峤和几个大人打好招呼后，就找妈妈同事的孩子一起玩耍去了。

谈话间隙，柏峤妈妈和同事抱怨，一股脑儿地把路上的事情说了出来，说柏峤太不老实，自己不知道如何管教。柏峤妈妈叹了口气，羡慕地说："唉，要是柏峤有你家孩子一半老实就好了。"

同事听后，不禁笑着说："不用羡慕，我觉得柏峤很好啊！我还羡慕你呢，我家孩子太老实了，不够自信和勇敢。其实，这孩子比以前好了许多，以前比现在更老实、听话，做什么事情都唯唯诺诺，不敢尝试，不敢探索。"

柏峤妈妈不解地问："不老实也是优点吗？"

同事接着说："没错，那些不老实的孩子身上有很多优点，引导好了更有出息。我之前听过一个关于'孩子好动'的名师讲座，那位老师说好动、不老实也是孩子的优点，只要我们好好引导，就可以把它们转化为优势。"

柏峤妈妈问道："那应该怎么引导呢？"

同事说："其实很简单，就是把孩子的兴趣爱好与好动挂钩。就拿今天的例子来说，柏峤在公交车上画卡通画，说明他喜欢画画，你可以引导他把画画发展成兴趣爱好。"

听了同事的话，柏峤妈妈若有所思。之后她开始更仔细地观察和了解柏峤，发现了柏峤的行为特点和喜好，然后进行合理地引导和教育。让柏峤妈妈意想不到的是，柏峤虽然依旧好动、不老实，但是好像也没有那么讨人嫌了，兴趣爱好也多了起来。

可以说，孩子的不老实有时是天性使然。家长应该明白一点：如果孩子好动、顽皮，不能如家长所期望的那般安静、听话，强行让孩子变听话、老实，孩子的自尊心就会受到严重伤害，独立和自主意识就会受到压制，同时诸如思考、探索、勇敢等品质也会被抑制，以至于影响孩子健康的成长。

家长应该把目光放在孩子的优点上，把这种不老实转化为自信、勇敢、好奇心和探索欲等优势，如此孩子才可能变得更出色。

# 第四章 父母淡化控制欲，孩子才能活出有声有色的自己

　　爱孩子，不能毫无边界，不能没有尺度和分寸。家长可以合理地管教孩子，但不能控制孩子，妄想把孩子牢牢拴在自己身边，要求孩子必须听自己的，完全按照自己的要求来。这样的爱只会让孩子成为"巨婴""失声者"，让其在令人窒息的空间里挣扎生存。

　　所以，家长应该淡化控制欲，给孩子自由独立的空间，让他们活出自己的精彩。

我不要被控制！

# 爸妈的"遥控器"，
# 削弱了孩子的生命力

　　爱孩子，是每个家长的初心，可是爱孩子不能过度，没有了界限和尺度。过度的爱，会变成过度的保护、管制，甚至是控制。

　　一位心理学家曾经说："刚出生的孩子，和母亲的关系是共生的。婴儿处在和母亲心理融合的阶段，母亲照顾孩子的饮食起居，孩子也通过母亲表达需要。然而随着孩子年龄的增长，母亲应该勇敢地剪断这种共生关系，从行为上和心理上与孩子进行剥离，给予孩子独立、自由，如此孩子才能真正成长。否则的话，孩子将会失去快乐、自我，甚至会失去生命力。"

　　换句话说，过度的爱成了家长的"遥控器"，以此遥控孩子的学习、生活、交友，甚至是思想。殊不知，这可能会使得孩子的童年被绑架、影响其健康成长。

# 对孩子从控制变成信任和放手!!

有这样一位女性，遭到丈夫背叛，只能选择离婚，艰难地生活着。可是，她非常爱自己的孩子，即便吃再多苦也要把孩子的抚养权拿到手。

单亲妈妈独自一人抚养孩子，生活的艰辛可想而知。这位妈妈把全部希望都寄托在孩子身上，对他倾注了全部的心血和爱。正因为如此，她的爱太过了，表现出对孩子极端的控制欲。

她把儿子当成生活的全部，只允许儿子按照她的想法和意愿去做事，学习、交友、旅行甚至吃饭穿衣都是如此。只要孩子不听话，她便歇斯底里，认为孩子会像丈夫一样背叛自己。

一个偶然的机会，这位妈妈得到了一个可以操控时间的遥控器，只要按一下按钮，时间就会回到她想要回到的时候。于是，这个遥控器就成了她操控儿子、让儿子按照她的意愿行事的最好武器。

日常生活中，她一旦觉得儿子的做法让自己不满意，就会按返回键，让时间倒流。在倒流的这一天内，她让孩子一次次地修正自己的行为，认识错误，改正错误，直到她满意为止。只要孩子稍有反抗，她就会再次按返回键，让孩子重新来过。

孩子考试成绩差，她选择让孩子重新来过，一次、两次……十次，直到考出令人满意的成绩；

孩子上补习班，跟不上学习的进度，她会让孩子重新学习这一天的内容，直到赶上了别人的进度；

孩子想和同学去毕业旅行，不参加补习班，她就让孩子重新选择，放弃旅行，乖乖上补习班；

孩子喜欢上一个女孩，她让孩子回到过去，回到他和女孩彼此认识以前……

孩子就这样生活在妈妈的控制之下，不能有自己的思想，不能有独立的行为，更不能做自己喜欢的事情。而且，在妈妈的遥控之下，他要不断地重复某一天、某一件事情。可想而知，这是多么恐怖的事情啊！

在一次次"倒带"中，他变成了妈妈希望的样子：一个光鲜亮丽的成功者，一个言听计从的"妈宝男"。直到有一天，他遇到了自己的初恋，并被女孩那自由自在、无忧无虑的生活所吸引。于是，这个孩子决定逃离妈妈的束缚和管制，去做自己想做的事情。这一次依然被妈妈给无情地阻止了——妈妈不肯放手，不停地按下遥控器，阻止孩子离开。

这个孩子再也无法忍受这一切，决定用死亡来反抗！然而，他连结束自己生命的自由都没有——妈妈不停地按下遥控器，让孩子回到他死亡之前。

孩子一次次尝试，经历了痛苦、崩溃、绝望，而这位妈妈则由恐惧、伤心到习惯、漠然。

这个孩子可悲、可怜吗？这位妈妈可悲、可怜吗？答案是肯定的。孩子对于妈妈的情感已经没有了爱和尊重，只剩下了怨恨，妈妈对于孩子的爱也变成了偏执的控制欲。不管是孩子还是妈妈，都一直在痛苦、无望中挣扎，使得人生也变成一种灾难。

难道这还不值得家长警醒吗？

爱的"遥控器"，就是削弱孩子生命力和人生价值的武器。聪明的家长不应该只想控制孩子，而是应该给予孩子信任和自由，让孩子独自面对生活。只有如此孩子才能更好地成长，并且找到自己的价值。

记得在一档综艺节目中，有一个男生吐槽自己的妈妈独自回老家一个月，把自己放在家里，对自己不管不顾，而且爸爸也不给他做饭吃。这个时候，他的妈妈笑着说："爸爸不给你做饭，你为什么没有想到给爸爸做饭呢？我很想回到小时候，天天带着你，但是人要学着自己长大，学会走自己的路。"

这位妈妈的做法很值得赞赏，她给予孩子爱，也给予孩子独立的机会。相信这个男孩将来必有所成。

可以说，家长越放手，孩子的思想就越自由，人生就过得越精彩。相反，家长越控制，孩子就越没有自我，人生就越充满折磨和煎熬，难以成就自己。

虽然每个孩子的生命都是父母给予的，但他们都是独立的个体，从呱呱坠地那天起，便逐渐有了自己的思想和灵魂。家长可以保护他们、管教他们，却不能控制他们。在家庭关系中，亲子之间最好的距离就是：家长退一步，孩子迈一步，各自做最好的自己，然后各自成就自己的人生。

# 孩子从小逆来顺受，
# 长大幸福难求

孩子听话，是很多家长最期盼的，也是他们培养孩子的目标。在这些家长看来，好孩子就应该听话，不调皮捣蛋、不犯错、不反叛，最好能做到循规蹈矩。一旦发现自己的管教有了效果，孩子越来越听话、越来越乖巧，他们就会感到高兴和满意，甚至还会向人炫耀。

孩子听话固然值得肯定，说明他们懂事、不叛逆。若是孩子过分听话，变得逆来顺受、胆小怕事、没主见、习惯服从，就不见得是好事了。在家绝对听父母的话，在学校绝对听老师的话，成年后，他们也会习惯听别人的话，任凭别人指使和控制，即便心里有不满也不敢或不愿表达和反抗。

# 过度听话的孩子可能不会幸福 !!

有这样一个女孩，从小就是一个听话的孩子，妈妈说什么就做什么，从来没有自己的意见和主张。妈妈时常夸女孩听话，说她是自己的贴心小棉袄。她的妈妈还让女孩答应自己，她会一直听妈妈的话，有什么事情都会告诉妈妈。女孩听话地答应了，从孩童时代到少女时代始终是乖孩子。

后来女孩遇到自己喜欢的男孩，两人谈起了恋爱，当然是瞒着妈妈的。她和男朋友谈了三年，两人感情非常好。但是女孩的妈妈知道了这件事，坚决反对两人在一起，最后竟然以死相逼，让女孩和男朋友分手。

一边是深爱的男朋友，一边是同样深爱的母亲，这个女孩不知道该怎么选择，陷入痛苦之中，只能咨询心理医生。心理医生约了女孩和妈妈一起谈话，心理医生问女孩的妈妈："您为什么反对女儿和她男朋友在一起呢？"

女孩的妈妈说："我女儿长得这么漂亮，我觉得那个男孩根本配不上她。他们两人在学历上有很大的差距，我女儿学历这么高，那个男孩学历那么低，两人怎么相配呢？"

可据心理医生了解，两人的差距并不是非常大，女孩是大学本科学历，男孩是大专学历。而且就当前的工作和收入来说，男孩明显比女孩更具有优势。

心理医生知道这不是妈妈的真心话，便慢慢地引导她，试图说服她，最后这位妈妈激动地说："她之前是一个听话的孩子，什么都听我的。现在她竟然为了那个男孩反叛我，故意和我作对，我绝对不会同意他们交往！"

原来，这位妈妈拼命反对女儿恋爱的原因是——女儿没有听妈妈的话！因为女孩习惯了听话，一旦开始不听话，这位妈妈就无法忍受了。她没有顾忌女孩是否幸福，只是想要一个事事顺从自己、听自己话的女儿。

最终，这个女孩还是听话地和心爱的男朋友分手了，因为她已经习惯了压抑自己，她不仅失去了自我，也失去了追求幸福的勇气和信心。

女孩的妈妈胜利了，她找回了那个听话的女儿。可是她真的胜利了吗？不！她失去的远远比得到的多。女孩失去了爱情、幸福，相信之后她和母亲之间也很难回到曾经亲密、贴心的状态。更重要的是，女孩的逆来顺受会害了自己，让她很难再赢得幸福。在工作上，她很难做得出色，在生活上也很难过得顺心。

可以说，过于听话对孩子的不良影响真的很多很多：过于听话的孩子，内心需求得不到满足，真实的欲望受到压抑，以至于根本无法获得快乐感和满足感。时间长了，孩子会变得越来越自卑、孤独。这样的孩子习惯为了别人而活，在意别人的眼光和评价，习惯受别人的指引和控制，甚至可能通过讨好别人来获得所谓的支持和夸奖。

同时，过于听话的孩子习惯了逆来顺受，没有主见，没有自信，从小就不能抵抗压力和挫折。一旦遇到问题和挫折就不知所措，或是消极等待，或是干脆自暴自弃，而不是积极自救。

一位心理学家曾经做过一个实验，他花了将近十年的时间，跟踪观察了200名儿童，其中100名儿童从小乖巧听话、逆来顺受，另外100名儿童有强烈的反抗倾向，不喜欢听家长的话。结果心理学家发现，有反抗倾向的孩子有84%的人意志坚定、有主见、有独立分析判断和做出决定的能力；而习惯逆来顺受的孩子仅有26%的人意志坚定，其余的人遇事不能做决定，不能独立承担责任。

家长千万不要过分地逼迫孩子听话，要求孩子事事都必须听自己的。不过分限制孩子，适当地放任孩子做想做的事情，他们才会充满勇气和胆量，变得独立和自信，进而在之后的人生路上走得更好更远。

# 别等孩子说:
# "我要窒息了!"

哲学家康德曾说过："秘密是说与不说的游戏,孩子发现自己有了秘密,意味着他们有了自己的内心世界。"每个孩子都渴望自由,渴望拥有属于自己的世界,在这个世界里他们可以想做什么就做什么,可以选择自己喜欢的东西,可以有自己的秘密。

可是,有些家长读不懂孩子的心,认为孩子就应该和自己亲密无间,就应该事事依赖自己、服从自己,甚至不允许孩子有私人空间和隐私。这些家长不懂得保持与孩子之间的距离,随意进入孩子的房间,随意翻看孩子的东西,甚至连孩子的微信、QQ、日记本都翻看。

或许这些家长会说:"我只是关心孩子,担心孩子思想出错。"要知道,孩子正在长大,需要足够的成长空间。家长一旦不尊重孩子的隐私,不给孩子自由,那么只会有一个结果:孩子变得叛逆。

# 不要把孩子看得太紧!!

| | |
|---|---|
| 姓名： | 豆豆 |
| 身份： | 初中生 |
| 困扰： | 妈妈竟然偷看他的手机，侵犯他的隐私 |
| 结果： | 妈妈跟他道了歉，他们的关系缓和了一些 |

豆豆已经14岁了，有了自己的想法和主张，也开始注重自由和隐私。豆豆不再和妈妈无话不说，遇到事情喜欢一个人解决。若是妈妈问起，他便警惕地说："这是我自己的事情，不能告诉你！"

前几天，豆豆总是拿着手机聊天，妈妈问他和谁聊天，他也不愿说，表现神神秘秘。妈妈很疑惑，想知道孩子究竟有什么秘密，于是趁豆豆打开手机的机会记住了他的手机密码，等豆豆上学后偷看了豆豆的手机微信聊天记录。原来，最近班里转来了一位女生，漂亮可爱，还多才多艺，同学们都很喜欢这位新同学，豆豆也不例外。这几天，豆豆都在和新同学聊天，希望和她做朋友。

晚上吃饭时，妈妈便问起新同学的事，话里话外让豆豆认真学习，不要只顾着交朋友、聊天。豆豆很疑惑，不知道妈妈为什么会说这些话，所以只是随便应和着。后来，豆豆发现自己手机的位置发生了变化，便质问妈妈是不是翻看了他的手机。妈妈支支吾吾地否认，可这怎么能骗过豆豆呢？

你怎么可以偷看我的微信？这是我的隐私！

你是我的孩子，有什么隐私？我是为了你好，怕你做错了事！

豆豆非常愤怒，大声地质问妈妈："妈妈，你怎么可以偷看我的微信？这是我的隐私！"

这个时候，妈妈恼羞成怒地说："你是我的孩子，有什么隐私？我是为了你好，怕你做错了事！"

豆豆更生气了，说："我已经长大了，为什么不能有隐私？以后不用你管我，我自己的事情自己做主！"说完，豆豆就气冲冲地回房间了。

等豆豆的爸爸回来后，妈妈伤心地向爸爸控诉豆豆的行为，说："这个孩子我算是白养了，现在不仅不贴心，还有强烈的叛逆心。"

知道事情的原委后，爸爸公正地说："这一次，我认为你做得不对。不管孩子多小，他都有隐私权，都应该有自己的小世界。你偷看孩子的微信，是一种不好的行为，也是对孩子的不尊重和不信任。作为父母，我们关心孩子是无可厚非的，但也要明白一点：孩子需要隐私与自由。若是你想要掌控孩子，想让孩子在监督和控制下成长，那么可能会导致他窒息。"

听了这话，豆豆妈妈沉思了好半天，说："我知道错了，那现在应该怎么办呢？"

豆豆爸爸说："当然是向豆豆道歉，并且承诺之后给他自由和权利，不再侵犯他的隐私呀！"

之后，豆豆妈妈真诚地向豆豆道了歉，并且严肃地保证以后尊重豆豆的隐私。豆豆看妈妈的道歉态度非常真诚，最后选择了原谅。就这样，豆豆和妈妈的关系得到缓和，而且因为得到尊重，豆豆也更愿意和妈妈交流了，不再排斥妈妈的关心。

生活中有很多类似豆豆妈妈的家长，他们习惯干涉、控制孩子，剥夺了孩子的说话权、选择权、交友权及隐私权。他们不知道的是，这样的管教就像一根无形的绳索狠狠地勒在了孩子的脖子上，让孩子难以正常地呼吸。孩子在濒临窒息之际，会本能地反抗，想要挣断脖子上的绳索，而这也意味着孩子与父母之间的矛盾一触即发。

若是这些家长能像豆豆妈妈一样有所反思、醒悟，结果或许不会太糟糕。可若是家长执迷不悟，甚至变本加厉地干涉、控制孩子，那么亲子关系将变得紧张，孩子的心理健康和个性发展也将受到影响。

正如一位心理学家所说的："作为一个完整的人，孩子也应该有属于自己的隐私权，即使承认发现了他的秘密，也不能泄露他的隐私，否则不仅会让他觉得自己没有自尊，还会导致他从此失去对人的基本信任。"那些快乐、优秀的孩子，往往是得到了家长的尊重和信任的，没被过度掌控和管束。而那些消极、平庸的孩子，很多从小就缺乏独立选择权、隐私权，不能自由呼吸。

不管你是否承认，孩子从来都不是任何人的附属品，而是完整的、独立的个体，应该有属于他们自己的世界。家长做到尊重和信任孩子，让他们成为自己世界的主人，孩子便可以活得有声有色。

所以，给孩子自由，让孩子开心快乐地成长吧！

# 把做决定的权利，
# 还给孩子

很多家长有这样的想法：孩子年龄小，不懂道理，做事不周全，很容易犯错，为了避免孩子犯错，我们应该为孩子做决定。

于是，孩子选择兴趣班，家长为他们做决定，担心他们选择的兴趣班不实用；孩子买衣服，家长为他们做决定，担心他们的眼光不好；孩子去旅行，家长为他们做决定，担心孩子考虑不周全，出现危险；选择文科还是理科，家长依旧为孩子做决定，唯恐一个"错误"的选择误了孩子的前途……

可以说，关乎孩子生活、学习乃至人生的大事，家长都喜欢替孩子做决定，很少给孩子选择的机会和权利。从表面上看这是为孩子着想，实际上却扼杀了他们独立生存的能力。

在教养孩子的过程中，家长不应该成为孩子的"代言人"，更不应该成为孩子生活学习的操纵者。你越不让孩子做主，越剥夺他们自主选择的机会和权利，孩子就越难做到自信和自主。

# 改正习惯性替孩子做决定的行为！！

烦恼小档案

| | |
|---|---|
| 姓名： | 方奇 |
| 身份： | 小学生 |
| 困扰： | 妈妈不让他参加足球队 |
| 结果： | 他没有参加学校的足球队，很多事情都由妈妈做主，他变得不自信 |

方奇是个不自信、不独立的男孩，因为他从小就没有自己做主的机会，他最常听到的话就是"你什么都不懂，应该听我的""你不知道怎么选择，我替你选择了"。

小学三年级时，方奇喜欢上了踢足球，想要参加学校组织的足球队。方奇的妈妈却并不赞同他踢足球，因为她认为方奇好不容易进入重点小学，应该把时间和精力都用在学习上，一旦参加了足球队，方奇就会浪费大量的时间和精力，影响学习效率和学习成绩。

为此，妈妈为方奇做了决定——不参加足球队。刚开始方奇还有些反抗，说："我喜欢踢足球，为什么不能参加？我的学习很好，成绩总是全班前十名，即便练习踢球也不会耽误学习。"

方奇妈妈听了，态度坚决地说："你现在的学习成绩是不错，可是如果你把精力放在踢球上，那就不一样了。你不能去踢球，必须听我的话！"

听了妈妈的话，方奇着急了，生气地说："你怎么这么不讲理？难道我就不能有自己的兴趣爱好吗？"

可妈妈依旧态度坚决，严肃地说："我不会同意你踢足球的。你现在年龄小，不知道什么是对的，什么是错的。我已经决定了，你不能参加足球队！"

类似的事情有很多，方奇妈妈总是不顾方奇的意愿，替他做决定，慢慢地，方奇也就习惯了妈妈的专制，甘于让妈妈事事为自己做决定，进而也导致性格发生了转变。

由此可见，在教养孩子的过程中，家长一旦事事为孩子做主，习惯替孩子做决定，就容易让自己变成专制独裁的家长，从而给孩子带来极为负面的影响，甚至是毁灭性的打击。

孩子的自信和勇气早已被你摧毁，独立性也早早丧失了。一个不能独立做出选择的孩子就像一个提线木偶，即便长大了，也只能成为服从者、执行者。即便做得再好，也只是一个优秀的执行者，而不是善于自主思考、敢于决策的领导者和开拓者。

从另一个方面来讲：孩子小的时候，家长还可以替他们做决定，可是等他们长大了，还能事事都替他们做决定吗？遇到重要的事情，等你真的无能为力时，孩子已经失去了做决定的能力，那该怎么办呢？

因此，从生活中的小事开始，家长应该学会让孩子自己做决定，让他们按照自己的喜好和意愿进行选择。即便孩子的选择是错误的，家长也不应该一味地否定、打击，而是要学着积极正确地引导，给予孩子恰当的建议。教会孩子如何正确地做决定，从小培养孩子的判断能力和选择能力，之后他们便敢于并且善于为自己负责。

北北已经上高一了，面临着分班、选择文理科的问题。面对这个问题，北北有些不知道怎么办才好，于是他问妈妈："妈妈，我们就要分文理班了，你和爸爸希望我选择文科还是理科？这直接关系到我将来上大学是学理工还是学文史，还关系到我未来的职业。"

妈妈没有直接回答北北，而是握着他的手，郑重地问道："你自己喜欢文科还是理科？"

北北想了想，说："我的文科比较好，语文、历史的成绩都非常不错，可是我喜欢理科，尤其是物理。而且我觉得还是学理工科比较好，将来有很好的就业前景。"

听了孩子的话，妈妈感到非常欣慰，便说道："那么，你就自己做出选择吧！"

北北没有想到妈妈会这样说，惊讶地看着妈妈。妈妈继续说："北北，这次的选择关系到你的一生，所以我们决定尊重你的意见，让你自己做出选择。以前很多事情，爸爸妈妈都帮你选择了，但是这一次不同，因为你已经长大了。只要你经过了仔细的思考，不管你做出什么样的选择，爸爸妈妈都会支持你。"

妈妈的话让北北得到了极大的鼓舞，因为之前妈妈很少给他选择权，尤其是关乎学习的大事就更是如此了。经过认真地思考，北北根据自己的喜好选择了理科，之后他学习更自主和积极了。


正如纪伯伦的诗中所说："你们的孩子，都不是你们的孩子，乃是生命为自己所渴望的儿女。他们是借你们而来，却不是从你们而来，他们虽和你们同在，却不属于你们。你们可以给他们以爱，却不可以给他们以思想，因为他们有自己的思想。"孩子并不属于父母，父母可以给他们爱，却不可以给他们思想；父母可以建议他们如何选择，却不可以替他们做决定。无论什么时候，做决定都应该是孩子自己的事情。

从现在起，把做决定的权利还给孩子吧，这是尊重，也是支持和信任。尊重孩子，孩子便可以有足够的自信；信任孩子，孩子便可以有足够的勇气。也只有这样，孩子才能慢慢地成长，成为自己最想成为的样子。

# 棍棒压制，
# 会让孩子走向两种负面极端

一方面，在棍棒的压制下，孩子确实变"老实"了，可是他们小小的心里会充满恐惧，心灵也会受到伤害。

另一方面，随意打骂会使孩子心生不满，变得越来越叛逆。或许一开始迫于家长的打骂孩子会有所收敛，不敢再犯错，可慢慢地他们就会变得麻木、冷漠，不再惧怕打骂。孩子一旦不再惧怕父母的打骂，那么行为就会越来越脱轨，越来越肆无忌惮。

同时，在这样的教育下，孩子的内心可能会形成错误的认识，认为暴力是一种控制别人的好办法。随着年龄的增大，尤其到了青春期，他们就会采取暴力的行为对抗父母的管束，甚至用暴力的方式去对待其他人。

# 不要随意打骂孩子

很多家长奉行这样的教养方式：孩子犯错，或是淘气、不服从，打骂一顿就可以了。他们认为棍棒压制是最简单的也是最有效的。从表面上看确实如此，可事实上棍棒压制并不能解决问题，反而会让孩子走向两个负面极端：要么软弱，要么叛逆。

曾经有一位备受争议的父亲，奉行"三天一顿打，孩子进北大"的教育理念，认为"打孩子"不仅是家庭教育中不可缺少的，而且是"最精彩"的一部分。他的四个子女有三个考入北京大学，一个考入中央音乐学院，正因为如此，他才更坚信自己理念的正确性。可他的大儿子说："记忆里，只有一次毫无顾忌地玩耍，让我感觉到童年的无忧无虑。爸爸无疑是成功的，但我们也失去了童年时该有的快乐。"

随意打骂孩子，可能会扼杀孩子的个性，使其自尊心受到严重伤害，甚至内心被恐惧支配，越来越胆小软弱、畏首畏尾。所以，聪明的家长必须学会放下手中的棍棒，淡化控制欲，杜绝专制和暴力。

棍棒式养育是一种伤害式养育、暴力式养育，既然你爱孩子，为什么非要伤害

**烦恼小档案**

| | |
|---|---|
| 姓名： | 王鑫 |
| 身份： | 初中生 |
| 困扰： | 考得不好爸爸会体罚他 |
| 结果： | 他变得越来越自卑、沉默了 |

孩子呢?

王鑫的爸爸对他要求非常严格。王鑫一旦犯错就会遭到爸爸的打骂,成绩不好也常常被责骂、罚站,甚至被扇巴掌。一次期中考试,因为考试前几天王鑫都复习到很晚,导致身体和精神异常疲惫,所以考试成绩很不理想。

这天,王鑫一回到家,爸爸就盘问起来:"小鑫,老师在群里说前几天期中考试的成绩已经出来了,你考得怎么样啊?"王鑫不敢忤逆爸爸,只好战战兢兢地把试卷拿给爸爸看。

看到王鑫的数学只考了80分,爸爸立即火冒三丈,大声训斥道:"你看看你这考的是什么?成绩这么差,天天就知道玩!之前让你好好学习,你却只顾着玩,也不好好复习!"

王鑫委屈地说:"我好好学习了,可是因为考试前几天睡得太晚,复习太累了,所以影响了发挥!"

听了这话,王鑫爸爸更生气了,他拿出戒尺,说:"把手伸出来!考不好还这么多借口!"一边打王鑫手掌,还一边训斥,"看你还狡辩!"王鑫忍着疼痛,眼

> 考不好还这么
> 多借口!

里流着眼泪，不敢说一句话。

在父母的非打即骂中，王鑫逐渐形成了软弱的性格，平时看到爸爸就感到害怕，不敢接近。因此，不管父母要他做什么，他都会无条件地服从，不敢说一个"不"字。同时，王鑫的自尊心受到严重伤害，性格变得胆小、不自信，时常怀疑自己，觉得自己处处不如人。在学校他也变得越来越沉默，即便受到其他同学欺负也不敢反抗。

棍棒压制教育的危害很大，这样的例子并不少见：一个男孩不好好读书，父母时常对他非打即骂，可是骂了，孩子不听，仍然不认真读书；打了，孩子依旧不听，变得越来越叛逆。于是，一开始父母只是小打小骂，后来则变成了棍棒相加。结果，男孩也变得越来越暴力，他在家里不敢反抗父母，却开始在学校欺负同学，哪个同学对他稍有"得罪"，他就拳脚相加。

一个女孩从小学习不好或没有达到父母的某些要求被父母打骂，从童年到成年始终活在父母的频繁打骂下，结婚后终于摆脱了这种生活环境，可等到她生了孩子，却发现自己已经被父母同化，变得暴躁、情绪化，对自己的孩子也采用了打骂教育。

可见，粗暴的棍棒打压是一种畸形的教养方式，除了会伤害和毁掉孩子，毫无益处。

更何况，孩子正处在成长发育的关键期，骨骼、脊椎都还没有发育完全，如果对孩子施加拳脚、棍棒，很可能损伤孩子的身体。生活中父母打坏孩子的事件比比皆是。一位妈妈无缘无故打孩子，对幼小的女孩拳打脚踢，结果失手打死了女孩；还有一位父亲踢了孩子一脚，竟然把男孩的生殖器踢破了。难道这一出出悲剧还不值得家长警醒和反思吗？

明智的家长应该放下手中的棍棒，不管孩子是犯了错还是不愿意服从家长的安排，都应该控制自己的情绪，耐心地劝服和引导孩子。

家长的温柔以待，就是对孩子最好的养育形式。

# "是"还是"否"，
# 孩子拥有话语权

　　孩子在很小的时候，就有了自己的思想，对于一些事情有了自己的想法。家长应该给予孩子应有的尊重，并且给予他们话语权。这样，孩子才能拥有优秀的感知能力、表达能力、判断能力，以及积极向上的心态。

　　然而，大多数家长盲目地认为孩子还小、不懂事、对是非没有观念，所以应该听父母的，不需要有话语权，不需要有个人想法。事实上，不给孩子说话的权利，是一种粗暴的教育方式，也是不正确的家庭教育。

# 千万不要剥夺孩子的话语权 ！！

莹莹和妈妈一起逛街买衣服，发生了这样的对话：

莹莹妈妈："这家的衣服很不错，你看看有没有喜欢的。"

莹莹拿起一条背带裤，觉得穿背带裤一定很酷，可这时妈妈开口了："你看的是什么东西？！背带裤不好看，又不方便，难道你想买它吗？"莹莹放下背带裤，小声说："没有，我只是看看。"

莹莹又拿起一件粉色卫衣，问："妈妈，你看这件行吗？"

妈妈皱着眉头说："怎么又是粉色卫衣？家里已经有好几件类似的卫衣了，这件和家里那些衣服有什么区别吗？"

莹莹低声说："不是你一直说女孩适合穿粉色的衣服，还说我穿粉色的衣服好看吗……"

妈妈打断莹莹的话，说："是你自己喜欢粉色的衣服，我什么时候一直让你买粉色的？你已经15岁了，一点儿主见都没有，买个衣服都买不好，你说你还能做什么？"

莹莹拿着衣服，低着头不敢说话，而妈妈在一旁挑选衣服，最后选中一件粉白相间的卫衣，说："这件很好看，颜色也很衬你。快去试一试！"

莹莹很无奈，心里反驳道："这和我之前挑选的那件有什么区别吗？"可是她没有说话，因为她知道妈妈肯定不会给自己说话的机会。她回想起之前的经历，只要自己看中的，妈妈便不会同意，还会说："你要听话，这件更好看。你是小孩，没有眼光，要听妈妈的。我是大人，比你更明白穿什么衣服才漂亮，你听妈妈的话肯定没错！"

于是，莹莹的衣柜里基本是粉色、白色的衣服，久而久之，莹莹变得即便和别人外出也倾向于买妈妈满意的衣服。

看到这里，大家应该知道莹莹和妈妈的问题出在哪里了吧？莹莹妈妈看似让孩子做主，让她挑选自己喜欢的衣服，可实际上根本不给孩子自主权。窥一斑可以知全豹，在买衣服方面如此，在其他方面也是如此。莹莹妈妈总是抱怨孩子没有出息、没有主见，可又不让孩子自己做主，难道孩子的性格不是家长造成的吗？

莹莹在妈妈面前是没有话语权的，说话没有任何分量。

面对话语权被剥夺的情况，有些孩子会和莹莹一样，有些孩子则可能会反抗，用叛逆来表达自己的愤怒和不满。家长不给他们话语权，他们便不再听从家长的话，或是采用一些极端的方式来反抗。

有个女生就是因为父母总是武断地替她做决定，从不给她说话的机会，也不容许她争辩和反驳，所以选择了离家出走。她一个人在外流浪，尽管挨冻挨饿，可就是不愿意回家，不愿意面对霸道、武断的家长。

家长心急如焚，四处寻找，并报了警，最终在一个星期后找到了女生。之后，家长再也不敢行事武断和控制孩子，而是开始学着尊重和信任孩子，慢慢地把话语权还给孩子。

可敢于反抗的孩子毕竟是少数，大多数孩子会像莹莹一样。如果家长一心想要控制孩子，认为孩子只是听从者，不给孩子说话的机会，那么就会收获一个"乖孩子"。可是，这样的孩子不只是会听话、讨好人，还会失去自主、独立，不敢表达，不敢质疑，不敢释放自己的情感。

家长应该明白：孩子争夺话语权，并不是因为不听话或不爱自己的父母。很多时候，孩子有自己的想法和主张，面对家长的建议说"不"，并不是在故意挑战父母的权威，而是在正常地表达自己的思想。

家长应该放下长者的架子，尊重孩子的想法，并且给予他们话语权；倾听孩子的选择，尊重孩子的决定，让孩子有自己的成长空间。同时，家长应该庆幸孩子会表达自己的看法，敢于争夺话语权，因为这表示他们已经长大，已经开始有了自己独立的思想和见解。

做明智的家长吧，既可以让孩子更独立、优秀，又可以促进亲子关系和谐发展，何乐而不为呢？

# 孩子的健康成长，
# 需要一定的自主空间

网络上曾流传着这样一个段子："有一种冷，叫你妈觉得你冷；有一种饿，叫你妈觉得你饿。"这说明一个现象：很多家长总是习惯性地用自己的思维判断孩子的行为，然后要求孩子按照自己的意愿去做事，甚至一味剥夺孩子的自主权。可是，到底冷不冷、饿不饿，孩子是最清楚不过的。你剥夺孩子的自主权，名义上是爱，实际上是控制、占有；表面上为了孩子好，实际上却在伤害孩子。

在教养孩子的过程中，家长要学会放弃自己的控制欲，给孩子一些自主空间，尊重并支持孩子的意愿，如此，孩子在成长过程中才能更好地发展自我、有所成就。

## 学会给孩子自主空间 ‼

富兰克林的故事很多家长都知晓，希望大家能从中受到启发。

富兰克林出生在一个非常民主的家庭，从小到大，他的父母从不压制和控制他，也不会按照自己的意愿安排他的生活和人生，而是最大限度地给他自主的权利。

在一些非原则性的问题上，母亲萨拉从来不控制富兰克林的想法与行动，也不反对他的兴趣与爱好。她只是在富兰克林处于迷茫的时候，适当地提出一些可行性建议，并且富兰克林有拒绝的权利，即便拒绝，母亲也从不愤怒，更不强迫他听从自己的意见。这种教育方式，不仅有效促进了富兰克林与母亲之间的良好关系，而且使得富兰克林从小就非常有主见。

5岁时，有一天，富兰克林非常不高兴地对母亲说："妈妈，我不快乐，因为我并不自由。"

母亲萨拉没有指责孩子，而是反思自己：难道自己平时对孩子太过严厉，所以孩子才会不开心？于是，萨拉决定改变自己的做法，再多给富兰克林一些自由和自主。

她对富兰克林的日常生活不做任何规定，给予富兰克林充分的空间与自由，让他随心所欲地做自己喜欢的事情。享受到自由的富兰克林特别高兴，可是没过多久，他就渐渐地发现自己虽然有了自主权和自由空间，可也有种被忽视的感觉，自己做什么事情，妈妈都不会管，而被忽视的感觉并不那么美好。于是，他又主动开始让母亲安排自己的日常生活，并且愿意按平时的习惯作息。对于其他一些事情，他依旧有做主和选择的权利，有自己的私人空间和自由。

正是因为母亲在教育中懂得尊重富兰克林，给予他充分的自主权，使得他形成了健全的人格、优秀的能力，为他日后取得成功奠定了基础。可见，父母懂得给孩子自主空间，恰恰是孩子获得成功的关键因素。

其实，给孩子自由，前提是尊重孩子、信任孩子，把孩子看成独立的、自由的、具有人格和尊严的个体。

同时，家长要有意识地让孩子成为生活的主角，自己则只是给予引导、建议、帮助，而不能"喧宾夺主"。

不过，生活中很多家长习惯"喧宾夺主"，不仅严加管制孩子，还剥夺了他们的自主权和自由空间，几乎让孩子成了家长的傀儡。

在这些家长的意识里，管孩子管得越严，对孩子越有好处，于是他们往往独断专行，甚至蛮不讲理。

乐乐是一个男孩，爸爸为了磨炼他的性格，从小就对他施以严格的教育。乐乐写作业，喜欢先阅读、背诵，然后再动笔，可爸爸觉得只有把动笔部分写完——完成重要的任务，效率才能大大提高。于是，他每天都要求乐乐必须按照他规定的顺序来完成作业，一旦发现乐乐"不听话"便是一顿训斥。

一家人去吃饭，乐乐想点一份自己喜欢的炸薯条，可爸爸认为薯条既不健康，又不好吃，否定了他的提议。但即便如此，爸爸还是接着说："快点，看看你喜欢吃什么？"然后再一个个否定乐乐的意见，搞得乐乐非常不高兴，最后只能委屈地说："这个不行那个不行，那为什么还让我点自己喜欢的？"

乐乐爸爸的教育确实出了问题，可他根本没有意识到。他不明白的是，孩子已经长大，有自己的尊严和主张，需要自主权和选择权。如果家长仍是强行规定孩子必须怎样怎样，或是严禁怎样怎样，只会让孩子慢慢地失去自主、自尊和自立，进而影响完整人格的形成。

家长不能一心想要控制孩子，更不能奢望孩子按照家长发出的指令做出动作，若是这样，孩子岂不是成了机器人？！孩子的健康成长需要自主和自由，这个时候家长应该给孩子自主的空间，让孩子自己决定自己的事情，并且给予孩子支持和信任。

# 第五章 醒醒吧！孩子不应该为了你被迫性学习

学习，是孩子成长过程中必须经历的，只有通过不断学习，孩子才能获得知识、掌握技能。可是学习应该出于孩子的自愿、自主，而不是家长的强迫。事实上，很多孩子不爱学习，或是学习不好，大多是因为家长逼得太紧，或是期望过高。

你要去上美术课！

我不去，我不喜欢美术！

# 孩子不爱学习，
# 往往跟父母有很大关系

据一项调查显示，有46%的学生表示缺乏主动学习的兴趣，33%的学生会明显表现出对学习的厌恶，而真正热爱学习并对学习保持积极态度的学生只有21%。不爱学习、对学习缺乏主动性已经成为儿童身心发展的一大问题，导致这一结果的原因有很多，但最主要的原因还是来自父母不恰当的教育——包括太重视分数，或是只有批评没有夸奖，或是逼迫太紧，或是期望过高……

很多人都说父母对孩子的期待，是孩子进步和成才的力量。很多孩子没有前进的方向，也没有具体的目标，但是一看到父母对自己的期待，就像是看到了黑暗中的灯火，瞬间充满自信和力量，然后会全力朝着这个目标前进。可是，这个期待应该是恰当的、适合孩子的，若是父母的期待太高，超过孩子的能力范畴，结果就会适得其反。

# 不要给孩子太大的学习压力 !!

| | |
|---|---|
| **姓名:** | 杜若飞 |
| **身份:** | 初三学生 |
| **困扰:** | 父母给他报了辅导班,他的成绩却没有提高 |
| **结果:** | 压力太大导致他有了轻微抑郁症 |

杜若飞是一名初三的学生,学习成绩中等偏上,平常也算努力勤奋。面对中考的压力,父母时常为杜若飞能否考入重点高中而焦虑。这种情绪也影响到了他们对待孩子的态度。

杜若飞刚升入初三,爸爸妈妈便齐上阵,轮流督促他学习,并且还给他报了数学、英语提高班。不过这样做似乎并没有多大效果,杜若飞的学习成绩并没有多少进步,反倒是人变得郁郁寡欢了。

杜若飞之前的学习积极性没有了,做作业时常精神不集中,上培训班也是敷衍了事,不是走神就是搞小动作。在一次月考中,他的数学成绩比之前低了十几分,整体成绩也有所下降。杜若飞的爸爸很生气,训斥道:"你看看你,成绩这么差,怎么考得上重点高中?我们千方百计想提高你的成绩,光培训班的费用就花了好几万,你却越来越退步,真是太令人失望了!"

此时,杜若飞再也忍受不住了,大声喊叫道:"是,我是最差的,是最令你们失望的，行了吧？你们平时只知道逼我学习，只认识分数，根本就不关心我！难道我考不上重点高中，就不是你们的儿子了吗？！"

杜若飞情绪更消极了，还时常食欲不振。看到儿子的变化，妈妈认为他的心理可能出现了问题，于是赶紧带他去看心理医生。诊断的结果，杜若飞竟然有了轻微的抑郁症，是心理压力过大造成的。心理医生告诫杜若飞的父母不能太逼迫孩子，而是应该给孩子减压，否则会加重孩子的病情。

这个时候，杜若飞的父母才知道自己的教育方式不仅没教好孩子，反而差点害了孩子。之后他们也想开了，不再强求杜若飞考高分，不再奢望杜若飞必须考取重点高中。爸爸和杜若飞认真地谈了心，对他说："孩子，我们一直都希望你能考上重点高中，然后考入重点大学，所以，我们平时太看重分数了，也给你施加了太多的压力。现在我们想开了，会根据你的能力来评估对你的要求。"

从那以后，杜若飞的父母真的做到了自己所承诺的，不再强迫孩子上提高班提高分数，也不再因为分数而训斥孩子。慢慢地，杜若飞又恢复了正常，脸上开始有了笑容，同时学习也变得勤奋起来。


父母希望自己的孩子成绩好、分数高，希望孩子能出类拔萃，这本没有错。可是，如果父母不顾及孩子的实际情况，对孩子期望过高，或是因为分数的问题而过于逼迫孩子，只会给孩子造成巨大的压力，让孩子出现严重的情绪问题。在学习方面，孩子还可能产生厌学的情绪，思想与情感上呈现消极的态度，逃避学习，不愿意去学校，甚至看到或听到与学习有关的事情就情绪低落或烦躁。

对于家长来说，不管孩子表现怎样，都必须对孩子抱有期待之心。可以说"我希望你能……""我相信你的能力，若是继续努力定能考入……"，但是千万不要对孩子说："你必须考第一名！""你的分数必须是最高的！""你必须努力学习，考入重点中学，然后将来考入重点大学。"若是孩子总是达不到父母的期望，那么孩子就会变得越来越自卑，还可能因为压力过大而产生心理上的疾病。

天才只是少数，绝大部分孩子都是普通人。所以，父母千万不要对孩子期望过高，也不要过于逼迫，而是应该在合理的范围内鼓励和督促孩子学习，引导孩子培养学习的积极性和主动性。当孩子爱上学习，那么学习成绩自然会有所提高，或许还可以超出父母的期待。

# 按你的想法学，
# 他能学好吗

很多家长希望自己的孩子成龙成凤，往往喜欢逼迫孩子学习，不管孩子喜欢与否，也不考虑孩子是否有天赋。比如，孩子喜欢绘画，具有绘画的天赋，可家长认为画画没前途，孩子不可能成为大画家，还不如好好把成绩搞上去，考个好大学，找个好工作。于是，家长极力反对孩子画画，剥夺他们追求自己兴趣的权利，一心给他们报各种提高成绩的培训班。结果呢？孩子的绘画天赋被抹杀，学习成绩也普普通通，甚至还因为逆反心理而厌学。

家长应该明白：孩子并不是除了学习就一无是处，每个孩子因为成长的环境不同，所学到的知识与掌握的技能也各有千秋。教育孩子，就应该学会"量体裁衣"，善于发现孩子的优点，培养适合他们的特长，然后让他们在自己感兴趣的领域内做自己最擅长的事情。这样一来，兴趣加上天赋，孩子才能更好地发展潜能与智慧，取得与众不同的成绩。

# 对孩子喜欢的事情给予支持 !!

烦恼小档案

| | |
|---|---|
| 姓名： | 李浩 |
| 身份： | 初中生 |
| 困扰： | 他喜欢研究小动物，妈妈非常反对 |
| 结果： | 妈妈踩碎了他的标本，也踩碎了他的梦想 |

李浩从小就特别喜欢小动物，看到小猫、小狗就开心不已。与其他小朋友不同，李浩的喜好并不是一时兴起的，也不是随意逗弄，他总是能观察到别人注意不到的细节。随着年龄的增长和所掌握知识的增加，李浩还会特别观察各种动物的生活习性与成长特点。

尤其初中学习生物知识后，李浩对各种动物就更感兴趣了，他买回很多相关的书。他时常因为看书看入了迷而忘记写作业，或是因为观察小动物而很晚才回家，导致学习成绩不稳定。

李浩的妈妈十分生气，觉得他不务正业，便想方设法阻止李浩再跑出去观察动物，还把他喜欢的书都扔掉。但这样的做法依然没有阻止李浩放弃自己的爱好，他总是趁父母不在时，偷偷地溜到离家不远的动物园继续观察动物，还利用周末到图书馆阅读相关图书。

初二暑假，妈妈为李浩报了数学、英语培训班，希望他能利用暑假把成绩提上去。可李浩表示自己已经报了夏令营，想到邻近市的森林进行野外生存训练。妈妈当然知道李浩并不是想去参加野外生存训练，而是想去那里寻找各种小动物。妈妈表示强烈反对，这一次李浩没有和妈妈争执，反而乖乖地答应了妈妈的要求。可谁知他竟然"明修栈道，暗度陈仓"，偷偷参加了夏令营。

十几天后，李浩回家了，还带回来一些奇形怪状的昆虫、植物标本。妈妈大发雷霆，训斥他不应该欺骗父母，还把那些乱七八糟的东西带回家。情绪失控之下，妈妈把李浩好不容易采集的标本都踩碎了，还狠狠地打了他一巴掌。

那一刻，李浩的心凉到了极点，认为妈妈是个恶魔，毁坏了自己心爱的东西，还扼杀了自己的爱好。自那以后，李浩不再观察动物、阅读相关书籍，也不再想办法外出采集标本，可是性情也发生了很大变化，他拒绝和父母沟通，甚至不愿意和父母在一起。李浩的学习成绩一落千丈，滑落到班级的倒数之列。

其实，就是因为妈妈的那次责骂与阻止，迫使李浩产生了强烈的逆反心。而李浩的父母这时才悔不当初，陷入了深深的自责与懊恼之中。


遗憾的是，很多家长都和李浩的父母一样，忽略孩子的优势和特长，非要孩子按照他们的想法去学习，结果不仅无法使孩子学好，还抹杀了孩子的优势和天赋。

每个孩子都自带天赋，可若是家长只看重自己认为对的事情，忽视孩子的天赋，便可能会抹杀孩子的天赋，阻碍孩子的成长。相反，即便孩子没有太高天赋，只是对某方面有兴趣，可若是家长能鼓励和支持孩子努力发展兴趣，把兴趣发展成优势，那么也可能让孩子成为这一方面的卓越人才。

法布尔小时候也喜欢观察动植物，尤其喜欢研究昆虫，时常不顾学习、吃饭、睡觉去观察研究。人们都说"这小家伙中了邪"，可是他的父母支持他、鼓励他，让他按照自己的想法去学习和研究。后来，法布尔成了昆虫学家，实现了自己的价值。

家长不要非让孩子按照自己的想法去学了，更不要过度干涉孩子的喜好与特长的发展。挖掘出孩子的闪光点与特别之处，并对孩子的与众不同之处加以培养和保护，如此一来孩子的学习动力和热情会被激发，独特的才华也能得到充分发挥。

# 记住，
# 孩子不是为了给你圆梦的

"我当年差点就考入清华大学了，这成了我一生最大的遗憾。儿子，你一定要考入清华大学，圆爸爸当年的梦想！"

"我儿时的梦想是成为一位出色的舞蹈家，可是因为家庭条件的限制，没有机会实现梦想。女儿，现在咱们家条件这么好，你又有舞蹈天赋，一定要替妈妈站在舞台上啊！"

很多时候，一些大人出于种种原因没能实现自己的梦想，于是把希望寄托在自己的孩子身上，希望孩子能替自己圆梦。为了这个目的，家长强迫孩子学习、学习、再学习，不顾孩子的意愿，逼迫孩子学习自己并不感兴趣的东西，结果却逼得孩子厌恶学习，滋生逆反心理。

要知道孩子是独立的生命体，有自己的梦想，有自己想要的东西，更有自己的兴趣爱好。家长的梦想并不是孩子的梦想，家长想要的，孩子并不一定想要。若是家长只是为了弥补自己的遗憾，就把当年的梦想转嫁到孩子身上，那么就会让孩子失去快乐和动力。

即便孩子按照父母的期待去努力，圆了父母上清华北大的梦，遂了父母成为舞蹈家歌唱家的愿，可因为这一切不是他们自己想要的，他们内心也会有一个巨大的"坑洞"，始终都无法填满。

131

# 孩子不应该为你的遗憾买单

**烦恼小档案**

| | |
|---|---|
| 姓名： | 方小晓 |
| 身份： | 高中生 |
| 困扰： | 妈妈没考上清华美院，就想让她考上 |
| 结果： | 她并不想学美术，可是为了妈妈，她妥协了 |

方小晓的妈妈从小学习成绩非常好，每年都是全校第一名，她的梦想是考入清华大学美术学院，成为一名出色的设计师。可是天有不测风云，高考那一年家中发生变故，方小晓的妈妈心理受到严重影响，导致学习成绩下滑了很多，最终与清华大学无缘。

尽管方小晓的妈妈考上了一所不错的大学，之后成为一位事业有成的白领，可不能实现自己的梦想始终是她心中最大的遗憾。有了方小晓后，她把希望寄托在女儿身上，希望女儿能继承她的梦想，弥补她当年的遗憾。因此，她对方小晓要求非常严格，要求她必须出类拔萃、成绩优异。

当别的孩子还在正常地上幼儿园时，5岁的方小晓就已经开始接触小学的知识了，每天都要学习语文、数学和英语。上了小学后，方小晓的妈妈就给方小晓报了各种培训班，周末几乎连休息的时间都没有。

方小晓每天的时间都被安排得满满的，不仅要完成学校的作业，还需要完成妈妈布置的学习任务。她没时间看动画片，更没有时间去找小朋友玩。长期的重负压得方小晓有些透不过气来，她也试着多次反抗妈妈，故意闹情绪或是和妈妈大吵大闹，可是这些反抗都没有用。不管方小晓如何哭闹，如何不情愿，妈妈始终都不为所动。

妈妈时常对方小晓说："虽然我是为了圆自己的梦，但也的确是为你好啊。清华大学是多少人梦寐以求的，难道你不想进入一流的大学？"在妈妈的监督和管教下，方小晓虽然有些不情愿，可是成绩非常好，从小学到高中几乎每次考试都是第一名。

之前，方小晓没有明确的目标，不了解自己喜欢什么，所以只能被妈妈推着走，甚至还觉得考清华美术学院也没什么不好。可是在高二上学期，她喜欢上了医学，希望成为救死扶伤的医生。当她向妈妈表达了这个想法后，妈妈的反应非常强烈，第一次严厉地训斥了她，指责她不知感恩。

接下来，为了让方小晓改变主意，妈妈对她实施了冷暴力，好几天都不搭理她。最后，方小晓妥协了，可是从那之后她变得越来越沉默寡言，对学习也失去了积极性。

方小晓的妈妈就是那种典型的为了弥补自己的遗憾而强迫孩子、牺牲孩子的家长。生活中这样的家长并不在少数，在他们看来，自己的选择没什么错，还对孩子有好处。然而，孩子有自己的梦想，有自己的兴趣爱好，家长为了圆梦而用爱来绑架孩子，难道真的就对吗？

诚然，由于各种各样的原因，很多父母心中或多或少都有一些年少时留下的遗憾。然而，即便孩子帮他们圆了梦，又能怎样呢？这背后或许是孩子自由和快乐的丧失，或许是孩子梦想的破碎甚至是不幸童年的开始。孩子是独立的、自由的，不是父母可以随意改造的机器，更不是父母圆梦的工具。父母把梦想转嫁到孩子身上，很可能非但弥补不了自己的遗憾，还会造成孩子的人生遗憾。如此说来，父母的遗憾是遗憾，难道孩子的遗憾就不是遗憾吗？

家长要尊重孩子的意愿，考虑孩子的切身感受，不逼迫、不强求，让他们在独立自由的环境下读书、学习、追求自己想要的东西。

当孩子不是为了圆父母的梦，而是为了追求自己的梦想学习时，那他们还会不努力吗？未来还会不美好吗？

# 考得好和有出息，
# 没有绝对关系

蔡元培先生曾在《中国人的修养》一书中说："决定孩子一生的不是学习成绩，而是健全的人格修养！"

然而，生活中很多家长都存在错误的教育观念，往往过于看重分数——孩子考试分数高就各种奖励夸耀，分数低就各种责骂贬斥。在这些家长看来，这是促使孩子好好学习、提高成绩的有效手段。可事实上，这样的教育方式和态度恰恰是孩子不爱学习和学习不好的导火索。

我一定要考好才行！我一定要考好才行！

# 学习成绩不代表一切 !!

吴珍珍平时学习成绩不错，课上听课和课下作业完成的情况也很好，可遗憾的是，每次考试成绩都非常不理想，分数始终在及格线附近徘徊。

这是因为每次考试前，她的精神都异常紧张，生怕自己考不好，生怕分数不理想。可她越是紧张，越是如临大敌，考试时就越难以发挥正常水平，平时已经掌握的知识记不住，平时会做的题也不会做了。

这是为什么呢？是吴珍珍心理素质太差，还是考试题太难了？

其实，根本原因在于吴珍珍父母的态度。吴珍珍之所以考不好，对考试充满恐惧，就是因为父母给了她太大的压力。吴珍珍的父母非常看重分数，每次考试前都在孩子耳边唠叨："你可要考个高分啊！隔壁的轩轩每次考试都是班级前几名，你可不要给我们丢脸！这一次你如果再考不好，就不要回家了！"

一旦吴珍珍的分数低了，她的父母就会严厉地批评她，指责她不好好学习："你就是笨，竟然考得这么差！成绩这么差，以后怎么有出息？"

在父母的影响下，吴珍珍太在意分数了，太想用成绩证明自己了，以至于精神高度紧张。同时，她还错误地认为自己只有考了高分，父母才会爱自己，才会给予自己关怀和温暖，于是，吴珍珍患上了"考试恐惧症"，越是在乎就越考不好，陷入恶性循环。

家长关心孩子的成绩、分数本来是无可厚非的，但若是不能理性地看待分数，错误地认为孩子只有成绩好、分数高才会有出息，才能有美好的未来，会很容易给孩子带来巨大的心理压力。同时，当家长把考得好和有出息画上等号时，孩子就会深受打击，产生这样的误解："父母只关心成绩和分数，根本不关心我；在父母的眼里，成绩比我更重要；我一无是处，父母是不爱我的。"孩子一旦产生这样的心理，那么不仅会对学习变得消极懈怠，与父母的沟通也会出现问题，进而慢慢地疏远甚至憎恨父母。

家长应该明白一个道理：成绩好与坏，只是衡量孩子是否出色的众多标准中的一个，而不是唯一的一个。家长应该注重孩子身心、品质、各种能力的培养和提高，让孩子得到全面的成长和发展。

在这个过程中，家长应该避免过多地关注孩子的分数和成绩，否则的话，就有可能把孩子培养成只知道学习的高分低能的考试机器。正确的做法应该是，把单纯的重视分数转变为关注孩子全面能力的发展和身心的健康成长，把想办法逼迫孩子提高成绩变为培养孩子的学习能力、学习兴趣，以及帮助孩子挖掘与发挥自己的优势。

婷婷的情况和吴珍珍差不多，学习成绩也不算好，始终在中下游徘徊。开始的时候，婷婷妈妈也很着急，但是她知道着急并不能解决问题。所以当婷婷因为成绩不好而情绪低落时，妈妈不仅没有责骂和训斥婷婷，反而安慰和鼓励她。

妈妈温和地说："婷婷，你告诉妈妈，你之前认真复习了吗？考试时有没有马虎大意？"

婷婷委屈地说："我真的努力了，而且也认真答题了，可还是考砸了！"

听了婷婷的话，妈妈笑着说："只要你认真努力了，妈妈就不会怪你的！而且，你看，你比之前进步了很多，这已经很好了！妈妈相信，只要你继续努力，肯定会有更大的进步。"

接下来，妈妈引导婷婷寻找自己的优势和劣势，积极地帮助婷婷想办法，扩大优势、消除劣势。同时，妈妈还时常对婷婷说："学习成绩不代表一切，妈妈不会认为你考得好就一定有出息，你考不好就一定没出息。如果你不能成为'学霸'，我再逼迫你也是没用的。每个人都有自己的优势，或许你在学习上不擅长，可是在其他方面有天赋呢？你需要找到自己的天赋，然后尽全力发展它。"

有了妈妈的鼓励和支持，婷婷充满了信心和激情，并且找到了自己的特长——绘画。婷婷开始发挥绘画优势，经过几年的刻苦学习，取得了不错的成绩，多次在市里的各种比赛中获奖。同时，婷婷也没有忽视学习，她比之前更加努力和勤奋。最后，婷婷成为美术特长生，考上了一所重点美术院校。

美国教育家斯宾塞曾经说过："父母千万不能太看重孩子的考试分数，而应该注重孩子思维能力、学习方法的培养，尽量留住孩子最宝贵的兴趣与好奇心。绝对不能用考试分数去判断一个孩子的优劣，更不能让孩子有以此为荣辱的意识。"

家长不要片面地以分数来评论孩子的好坏，也不要把分数看作衡量孩子能力高低的唯一标准。放下对成绩的执着，鼓励与支持孩子全面发展，引导孩子发掘自身的潜力，孩子才能信心满满地努力前行并最终实现自己的价值。

# 学习的主动性靠引导和激励，而不是威逼

每一位家长都希望自家孩子出类拔萃、学习成绩优秀，可有些孩子就是学习不积极，或是懒散、不刻苦，或是专注力不好，或是喜欢玩——玩手机、玩游戏、到处疯玩。这个时候，家长是怎么做的呢？

大部分家长的做法是催促、强迫、威胁、利诱，若是再不管用的话就直接选择训斥和打骂了。然而，令人感到无奈的是，家长催也催了，骂也骂了，可孩子就是没有太大改变，还是不好好学习，甚至故意和家长作对。

这充分说明这样的教育方式是无效且不当的，根本没有激发孩子学习的主动性和能动性。逼迫和打骂的方式，把学习变成孩子最不喜欢、最痛恨的事情，试问这怎么让孩子愿意学习呢？

# 有效地引导孩子不做"低头族"！！

妍妍不太爱学习，积极性和耐心都不是很强，于是父母想尽各种办法逼着妍妍学习——打骂责罚、请家教、报补习班等，以为这样就可以让妍妍多花些时间在学习上。可是，父母越逼迫，妍妍反而越不愿意学习，变得越来越消极、敷衍。妍妍越是不学习，父母就越是逼迫，然后妍妍越厌学……恶性循环就这样产生了。

这就告诉家长，当孩子不主动学习时，家长千万不要催促、逼迫，更不要一味地打骂指责，否则只会加剧孩子的叛逆心理，让孩子更加厌恶学习。换句话说，孩子不主动学习，学习成绩不好，很大程度上是家长造成的。因为家长不了解孩子的想法和意愿，不能和孩子好好沟通，采取了错误的教育方式，这才让孩子在厌学的道路上越走越远。

要知道，任何事情都只有孩子愿意做、喜欢做，才能发挥他们的主动性和积极性，进而做得对做得好。所以，家长应该多给予孩子一些理解，先了解孩子不主动学习的原因，然后再积极地引导和激励他们，争取让孩子的心态发生转变。同时，家长千万不要对孩子抱有偏见，认为孩子玩耍就是不好好学习，这样容易误解孩子、错怪孩子，使孩子丧失学习的积极性和主动性。

王宽是一名11岁的男孩，他不仅善于管理自己的时间，还善于制订学习计划和生活计划，所以学习成绩一直名列前茅，不用父母担心和操心。可是最近王宽妈妈有了担忧与烦恼，因为她发现王宽迷上了手机。

之前，为了防止王宽迷上电子产品，父母并没有给他买手机、iPad，可是因为线上上课需要手机，妈妈不得不给他购买了新的智能手机。因为自制力不强，十几岁的孩子很容易沉迷手机，尤其现在短视频、手机游戏越来越丰富多样，很多孩子都玩手机玩上了瘾。

王宽妈妈发现王宽好像也上了瘾，一有时间就摆弄手机，有时候还会神秘兮兮地将书房的门关上。有一回，王宽妈妈故意去书房送水果，发现王宽正在玩微信，与好友聊得不亦乐乎。

这让王宽妈妈更担心了，对王宽爸爸说："我看还是把宽宽的手机没收了吧！你瞧，他完全被手机迷住了。"然后，她叹了口气又说，"现在很多孩子沉迷手机游戏，王宽是不是也成网瘾少年了？这样一来，学习成绩肯定急速下降，还可能出现玩物丧志的情况。"

王宽爸爸听后，劝慰说："不就是玩了一会儿手机吗，怎么就玩物丧志了呢？！其实，你没必要猜来猜去，只要和孩子好好谈谈就可以了。孩子的学习计划安排得很好，功课也没有出现下滑的情况，说明他能够管理好自己。若是你逼得太紧，可能会出现相反的效果。再说了，孩子也许并没有玩游戏，咱们可不能冤枉孩子啊！"

听了这话，王宽妈妈决定和孩子好好谈谈，打探一下他用手机在做什么。晚上，王宽妈妈笑着对王宽说："儿子，你最近好像迷上了手机，是在玩游戏吗？还是在学习？"

王宽立即说："妈妈，我没有玩游戏，是在和同学们商量一些问题。最近学校要组织一个科技创意大赛，鼓励同学们拿出自己的创意作品，积极参与比赛。我和几个同学组成了一个研发小组，利用做完功课的时间商议方案呢。"

听了王宽的话，妈妈松了一口气，心说：好在我没冤枉孩子，要不然就打击了孩子的积极性。

王宽自然也知道妈妈的心思，说道："妈妈，你放心。我没有迷上手机，也不会玩手机游戏的。我们也没有耽误功课，反而因为这次尝试提高了对物理的学习兴趣。原来物理世界真的很神奇……"王宽兴致勃勃地说着，而妈妈也笑着倾听。

不可否认，因为迷恋手机和游戏，很多孩子忽视了学习，成为"低头族"的一大主力，导致功课一落千丈，甚至还有人真的玩物丧志。可是，家长不能强迫孩子放下手机，这样起不到任何积极作用，还会激起孩子的逆反心理。你越是不让玩，他们就越想玩，想办法偷偷玩，越玩越上瘾，甚至对学习充满排斥和痛恨。

家长只有站在孩子的立场上，多给予孩子理解和尊重，通过引导和激励，调动其学习的积极性和主动性，才能让孩子乐于学习，并体会到学习之乐。

# 不要把孩子拘禁在
# 你内心的小世界里

人们时常说："眼睛所到之处，是成功到达的地方。"这告诉我们一个道理：对于一个人来说，重要的不是他所处的位置，而是他心中想要前往的地方。一个人想要到达更远的地方，就应该让自己的眼睛看得更远一些。

同样的道理，父母的眼睛所到之处，也藏着孩子的成功和未来。在孩子成长的过程中，父母若是能看远一些，内心的格局放大一些，将有助于孩子取得更大的成就，未来也会因此更美好。父母若是只看到眼前，没有大的格局，孩子就很难获得大的成功，未来也只能局限在自己的小世界里。

换句话说，起点差不多、能力差不多的孩子，因为家长的思维、见识和格局的不同，内心想要前往的方向和目的地也有所不同，最终结果也截然不同。来看看这两个孩子的不同境遇吧！

# 家长的格局决定孩子的未来‼

| | |
|---|---|
| 姓名： | 方为 |
| 身份： | 初中生 |
| 困扰： | 他有一个当科学家的梦想，怕父母不支持 |
| 结果： | 父母特别支持他，他觉得自己离梦想更近了 |

　　方为虽然只有13岁，可他有着远大的梦想，想成为一位研究卫星导航的科学家。这是因为他有一对目光远大的父母，虽然他们只是普通的白领，可他们非常看重孩子的教育，平时也能积极学习先进的教育理念。他们知道，与物质条件相比，孩子的眼界和思维是最重要的。

　　方为上五年级时，偶然看到一则关于卫星导航的新闻，他对这个神奇的领域产生了浓厚的兴趣，并且跟父母说他想成为那样的科学家。

　　方为的爸爸笑着说："孩子，你是说说而已，还是真的对这个领域有兴趣？若是真的对这个领域有兴趣，你就应该把它当作梦想，然后为了梦想不断努力拼搏。"

　　方为想了想，严肃地说："是的，我要把它当作梦想，长大后我一定要成为研究卫星导航的科学家。"

　　之后，方为的父母尽可能给方为提供条件，带他参观天文馆、物理科技馆，为他购买相关的书籍。现在方为掌握了很多科技知识，成了班级的科学小达人。同时，他还多次参加科技知识竞赛，一来是为了扩展眼界，二来是为自己的梦想"加油"。

对于未来，方为很有规划，他说："我必须努力学习，考上清华大学的物理系，然后一步步实现自己的梦想。"我们相信方为的未来必然不可限量，因为他有前进的方向，更有父母的正确引导。

而另一个孩子点点就不一样了。点点是个女孩，学习成绩不错，梦想成为一名出色的医生。她的家庭条件不错，父母完全有能力供她上医科大学。可是父母不同意她当医生，说女生不适合当医生，女生读师范学校最可靠，将来做一名老师不仅工作稳定还受人尊敬，还说女生只要嫁得好就可以生活幸福。可以想象，点点的未来必然难以如自己所愿，成为一名出色的医生，因为她的父母限制了她的发展方向。

我们总是说"不要让孩子输在起跑线上"，可真正的起跑线是什么？不是给孩子创造好的物质条件，不是给孩子报多少培训班，而是家长是否帮助孩子打开了思维，打造了格局，给足了孩子发展空间。格局大了，孩子的思维就会广阔，发展的空间就会扩大，未来的成就也就更大。相反，孩子即便能力再好、成绩再好，可眼光不够长远，就只能被局限在小圈子里。

所以，家长不能只看重孩子的学习成绩，一味逼迫孩子低头学习，什么都按照家长的想法去做。家长应该成为孩子的引领者，引导他们树立远大的目标，然后鼓励他们朝着那个方向努力拼搏。

我们不能否认，绝大部分家长都是为了孩子好，但为了孩子好，并不意味着就真的对孩子好。如果家长眼里只有学习成绩的好坏，只顾着逼迫孩了学习，却忽视了孩子身心和思维的发展，或是只看到眼前，认为学习知识是为了找到好工作、有稳定的生活，那么只凭着一句句"为了孩子好"便可以毁掉孩子看世界的心，毁掉孩子的未来和人生。

孩子的世界很大，不只是脚下；孩子的未来无限宽广，不只是眼前。为人父母者，必须把自己的眼界放远，教会孩子眼光放长远，教会孩子树立远大的目标，这样，孩子才不会被困住，长大后才能赢得更为广阔的舞台。

# 第六章 孩子真正的学习力，来自肺腑之中燃烧的兴趣

爱因斯坦说过："兴趣是最好的老师，真正有价值的东西，不是出自雄心壮志或单纯的责任感，而是出自对人和对客观事物的热爱和专心。"

想要培养孩子的学习力，父母不能一味逼迫和督促孩子，而是应该注重激发孩子的学习兴趣，并且努力尊重和支持孩子的兴趣。因为孩子虽然年龄小，可是他渴望按照自己的兴趣爱好去发展并实现自我价值。

妈妈，这个作家写得真好，我将来也要当作家。

那你从现在开始就要多阅读多写作呀。

# 大部分"学霸"，
# 都是因为对学习兴趣有加

太多家长想把孩子培养成"学霸"了，有一些家长把孩子"圈养"在家里，每天监督孩子学习、学习、再学习，希望孩子能进重点小学、重点中学、重点大学。然而，紧盯和强迫孩子学习的教育方式并不见得有好的效果。往往是家长越逼得紧、盯得牢，孩子就越厌恶学习。

还有一些家长看似重视孩子的学习，可只关注结果，不关注过程。简单来说，他们平时不关心孩子的学习方法对不对、孩子是否用功，只在考试后关注成绩是好还是不好。若是孩子成绩好，便夸孩子聪明，给予其奖励；若是孩子成绩不好，便批评训斥，给予其惩罚。

不管是上面哪种情况，孩子都不可能成为"学霸"，取得优异的成绩。原因很简单，在那样的环境下，孩子缺乏对学习的兴趣。

## 兴趣是最好的老师 ！！

李森是个乖巧的女孩，学习认真努力。可是，李森的英语成绩不尽如人意，好几次测试都不及格。英语成了李森的弱项，使得她的整体成绩不够理想。如果她的英语分数再高一些，能考80分，那么她的总分就可以排上班级前三名。

李森妈妈很着急，多次督促她好好学习英语，把成绩提上去。可李森就是不愿意学英语，还时常说："妈妈，我最讨厌上英语课了，尤其不喜欢那些枯燥的英语单词，你不要再逼我学习英语了，好吗？其实我可以在语文、数学上多花一些功夫，这样总分就可以上去了！"

妈妈劝说道："好孩子，这样下去也不是办法呀！如果你的英语一直是弱项，拉太多的分，将来肯定会吃亏的。我觉得你应该努力学习英语，或是报个培训班……"

谁知李森拒绝了妈妈的建议："妈妈，我就是不喜欢英语，你不要再强迫我了！"

可妈妈并没有妥协，反而自作主张给李森报了一个英语加强班，并且要求李森必须好好学习。这样一来李森就更讨厌英语了，之前在英语课上还能认真听讲，回答老师的问题，现在连听讲都不愿意了，时常偷偷地在课堂上做数学试卷。上培训班的时候，她也是敷衍了事，完全不好好听课。最后，李森妈妈只好停了她的培训班，但又不知道如何是好。

其实，李森妈妈想要解决这个问题并不难，只要找到激发孩子学习兴趣的方法就可以了。有了兴趣，李森就不会排斥英语了。李森的妈妈可以把英语和李森的爱好结合起来，比如李淼喜欢运动，可以建议李淼看一些关于运动的英语电影、图书，还可以让李淼查阅一些关于她喜欢的运动员、运动项目的英文资料等等。

爱因斯坦说："兴趣是最好的老师，真正有价值的东西，不是出自雄心壮志或单纯的责任感，而是出自对人和对客观事物的热爱和专心。"孩子学习不好，或是学习不努力，就是因为他们的学习兴趣不够浓厚，没有爱上学习。所以，家长要想办法引导孩子把学习变成兴趣，在学习方面给予孩子正确的引导。只要家长能做到以趣促学，问题就会变得简单多了。

当然，激发孩子学习兴趣的方法还有很多，比如，引导孩子树立目标，制订合理的学习计划；为孩子营造良好的学习环境，布置好学习桌、书柜、台灯，摆上一些有趣的图书；引导孩子找到适合自己的学习方法，有效地提高学习成绩；多夸奖孩子，让他们找到自我认同感，因为学习兴趣的最大敌人就是挫败感，若是孩子得不到认同，那就会感到挫败，进而失去兴趣……

## 想办法增强孩子的学习兴趣！！

除此之外，家长还应该多带孩子到外面走一走、看一看，给孩子创造拓宽视野和增长见识的机会，从而增加他们对学习的兴趣和热情。

现实生活中很多家长把孩子关在家里，每天让孩子死读书、读死书，这样一来孩子自然就越来越厌烦学习了。同时，孩子每天只过学校、家两点一线的生活，生活是苦闷的，思维是刻板的，很难对学习产生兴趣。若是家长能带孩子多多了解世界，直观地感受知识、探索知识，孩子的视野和思维就可以得到拓展，进而对各种知识产生兴趣。

比如，刚接触物理的孩子，认为那些物理知识是抽象的、枯燥的，自然就无法提起学习兴趣。如果家长多带孩子参观科技馆、天文馆、博物馆，让孩子见识到物理现象的奇妙之处，那么他们的学习兴趣就会大为提高。

一个男孩小学时成绩好、爱读书，一直都是班级里的三好学生。可是到初中之后，男孩就不爱学习了，尤其是上物理、化学课时，总是无精打采、兴致缺缺。为了增强孩子的学习兴趣，男孩妈妈开始带孩子走出家门，了解和探索这个世界。

周末时，妈妈会带男孩到博物馆、科技馆、美术馆看看，也会带孩子到野外走走。假期中，妈妈会给孩子报一些夏令营、游学活动，让男孩和同龄孩子一起参加活动、游学。果然，走出封闭的学习环境，孩子的学习积极性提高了不少，成绩也大有进步，而且还增长了见识和拓展了思维。


如果孩子的学习积极性不高，家长就要改变自己的想法和做法，不能总把孩子关在家里，更不能一味地逼迫孩子学习，而是应该从学习兴趣方面着手。不过，孩子的学习兴趣不是随便就能培养起来的，家长要尊重孩子的天性，给予孩子更多的理解和支持，以及足够的耐心。

孩子从小就对学习充满兴趣和积极性，成为小小"学霸"有何难？！

# 想办法让孩子产生学习兴趣，
# 他们自己会迷恋学习

很多家长为了让孩子好好学习，时常紧盯着孩子，催促孩子学习，制订各种学习计划、奖惩措施……可这些都不见得是好办法。因为这并没有让孩子对学习产生兴趣，只有兴趣才是孩子学习最大的动力，兴趣是让孩子把被动学习变为主动学习的关键。

孩子对学习没兴趣，对学习的态度就是消极、冷漠、排斥、逃避，相反，若是孩子对学习产生兴趣，喜欢上学习，那么结果就会大不一样，对学习的态度就会变为积极、热情、主动、加倍努力，同时学习效率会大幅提升，成绩自然也差不了。

正如美国教育家格伦·多曼所说："学习是生活中最有趣的和最伟大的游戏。所有的孩子生来就这样认为，并且将继续这样认为，直到我们使他们相信学习是非常艰难和讨厌的工作。"

# 逼迫学习的效果可能会很差!!!

烦恼小档案

| | |
|---|---|
| 姓名： | 朵朵 |
| 身份： | 初中生 |
| 困扰： | 妈妈为了让她考上好大学，逼迫她学习 |
| 结果： | 朵朵虽然没有考上重点高中，但成了小作家 |

朵朵的妈妈时常对朵朵说："你必须好好学习，不好好学习，成绩不好，你就进不了重点高中，进不了重点高中你就进不了重点大学，进不了重点大学你这辈子基本就完了。你必须努力、再努力，熬过这一段时间，你就可以放松了。"

有些父母和朵朵妈妈抱有同样的思想，所以无时无刻不逼迫孩子学习，把孩子的时间安排得满满的，让孩子每天学习到很晚，而且还给孩子报各种培训班。殊不知，这种逼迫不仅起不到任何积极作用，还可能导致孩子彻底厌恶学习。在孩子看来，学习已经变成最痛苦的事情，甚至是一场难熬的考验。

朵朵原本是一个活泼开朗的女孩，学习勤奋主动，尤其热爱写作和文学。可是朵朵妈妈觉得朵朵的成绩不算出众，必须对朵朵严格要求才能让她快速提升成绩，考入重点高中。于是，妈妈对朵朵进行严苛的学习规划管理：每天早上5点起床，背英文单词、语文课文、文科知识点；每天晚上做完作业后必须再做一套卷子，而且要严格按照考试标准进行；还给朵朵报了学习加强班，数学语文英语等主要科目一个不落……

就这样，朵朵的学习由主动积极变为被动消极，就连最后一点兴趣都因为妈妈的逼迫而消失了。更让朵朵受不了的是，妈妈非常情绪化，一旦朵朵的学习成绩上去了，妈妈就兴高采烈，想办法犒劳她；可一旦朵朵的成绩有所下滑，妈妈就大发雷霆，训斥她不好好学习。

繁重的课业和妈妈的紧逼让朵朵不堪重负，甚至出现了抑郁的情况。然而妈妈依旧没有认识到自己的错误，时常因为朵朵的成绩不理想而焦虑。慢慢地，朵朵开始厌学，渴望逃离家庭、逃离学习，成绩更是一落千丈。

不过好在朵朵妈妈在老师的建议下及时醒悟，不再逼迫朵朵，也不再焦虑。她开始尊重朵朵，给朵朵足够的自由空间，同时从朵朵喜欢的文学写作出发，重新激起了朵朵对学习的兴趣。之后，朵朵重新变得开朗起来，比之前更主动学习，成绩也开始突飞猛进。中考结束，朵朵被一所不错的学校录取，在网上写的作品也受到读者欢迎，成为某网站的签约小作家。

可以说，父母的态度影响孩子对学习的态度，孩子对学习的态度则决定了其学习力和学习效果。如果家长了解孩子和尊重孩子，能激发孩子学习的兴趣，将有助于孩子提高学习成绩。

# 在家长的逼迫下，学习成了苦差事！！

成年人一旦对工作产生倦怠，认为工作又苦又累，只是应付生活的工具，也难以对工作提起热情、积极进取，更何况是孩子呢？没有学习兴趣，失去了学习的动力，孩子如何不陷入迷茫和倦怠？再加上父母的逼迫、强制，孩子如何不厌学？

　　然而，很多家长并没有如朵朵妈妈那样有所醒悟，他们一旦发现孩子学习成绩差、积极性不高，便想方设法逼迫孩子甚至打骂孩子。在他们看来，这才是最有效的方法。

　　吴瑞今年13岁，刚刚进入中学，学习成绩很好，可是父母对他的要求非常高，要求他每次考试都必须考第一名。父母要求吴瑞高效地完成作业，然后再做试题，晚上不到11点几乎不能休息。同时，父母只是一味地督促吴瑞学习，却很少鼓励和表扬他。

　　这让吴瑞感到学习是一件痛苦的事，他根本不明白自己学习是为了什么，甚至有时觉得，只是为了不被父母责骂而已。随着吴瑞进入青春期，父母对他的管教就更严了，而这也让他产生了逆反心，变得越来越讨厌学习，还迷上了手机游戏。吴瑞不再惧怕父母，也不再事事都听从父母的意见，成了在学校混日子的"坏学生"。

　　逼迫和强制只会让孩子更厌恶学习，即便孩子之前喜欢学习，也会因为家长的错误教育而兴趣全失。

　　人们常说，天才的秘密就在于强烈的兴趣和爱好，以及由此产生的无限热情。所以，家长虽然应该重视孩子的学习，但更应该重视培养孩子的学习兴趣。孩子一旦产生了对学习的兴趣，就会自愿投入学习中，并且努力做到最好。

# 不能因为你认为这样不好，孩子就不能自由发展兴趣

一位著名的绘画大师曾经说："我花费了一生的时间才学会了像孩子那样画画！孩子怎么有如此惊人的创造力！"这句话很好理解，说的是孩子完全按照自己的兴趣和喜好来绘画，不受任何约束和限制，所以画出来的作品是最出色的。

而无论多么出色的画家，因为考虑的因素多，诸如色调、光线、着笔，或是作品价值、他人审美等等，导致无法充分发挥个人创意，从而无法创作出令人惊叹的作品。换句话说，绘画是画家的兴趣和爱好，可因为种种限制，绘画变得不再纯粹，不再是做自己喜欢的事情。

同样的道理，生活中很多家长都会注重发掘孩子的兴趣，或许刚开始只是想着孩子有兴趣，就让他们学习、发挥吧！可慢慢地，家长的心变得功利，把兴趣变成了升学、获奖的工具。还有些家长喜欢在一旁指指点点，强迫孩子按照大人的想法做这做那，以至于让孩子对原本感兴趣的事情失去了热情和积极性，甚至产生厌恶感。

# 太功利的教育可能会切断孩子的兴趣!!

| | |
|---|---|
| 姓名： | 丁瑜 |
| 身份： | 中学生 |
| 困扰： | 她本来喜欢画画，但妈妈的功利性太强了 |
| 结果： | 在妈妈的反复逼迫下，她再也不画画了 |

功利性会扼杀孩子的天赋，切断孩子的兴趣。比如，原本孩子画画只是出于兴趣，可是父母为了获奖，非要给孩子报班，要求孩子每天必须练习一两个小时。孩子想按照自己的想法绘画，可父母指指点点，一会儿说这里画得不好，一会儿说那里画得不合理。这些行为都是培养孩子兴趣的大忌。

丁瑜的妈妈就犯了这样的禁忌。6岁的丁瑜喜欢上了画画，每天拿着画笔在纸上涂涂画画。孩子的想象力天马行空，画的东西也千奇百怪。丁瑜有时画五彩的云，有时画会飞的房子，有时画奔跑的桌子，而这些有趣的作品也受到了老师和同学们的喜欢。

丁瑜妈妈觉得丁瑜在绘画上有天赋，便问丁瑜："瑜瑜，你喜欢画画吗？妈妈给你报个兴趣班吧？"丁瑜高兴地答应了。

于是，妈妈给丁瑜报了美术兴趣班，并且对她说："既然你喜欢画画，就要好好学哦！"

为了让丁瑜好好学习，妈妈时常抽出时间来指点，看到丁瑜画的圆圈不圆，就让她擦了重新画；看到她把太阳画成了蓝色，就批评她画得不对，要求她按照实物来涂颜色。同时，为了让丁瑜提高绘画水平，丁瑜妈妈要求丁瑜每周必须画一幅作品——这幅作品必须按照她的要求来画，不能让她满意的话就不能算是完成任务。

经过了几年的练习，丁瑜的绘画水平有所提高，不再是胡乱的涂鸦，而是有模有样了。可妈妈发现丁瑜对画画好像没有以前喜欢了，卜美术兴趣班的积极性也不高了。她对丁瑜提出批评，说："既然你喜欢画画，就应该好好学习，不能怕吃苦，也不能只有三分钟热度。""学好画画，对于你将来考学是有帮助的。""即便你不能成为出色的画家，绘画最起码可以算是一个特长啊！""你应该庆幸自己有这个机会，很多孩子想发展兴趣爱好还不行呢！因为他们家里没有这个条件……"

可是，妈妈越是这样说，丁瑜对画画就越提不起兴趣，因为她觉得这已经不是自己的兴趣了，反而是一种被迫完成的任务。进入中学后，丁瑜彻底放弃了绘画，即便妈妈再督促、再逼迫也不能让她改变。

为什么会这样？很简单，是因为丁瑜妈妈的教育方法出现了问题，她把丁瑜的兴趣爱好变成了升学的工具，还要求丁瑜必须按照她的想法去做，好像这兴趣并不是孩子的而是她自己的。如此一来，丁瑜感觉自己失去了自由，也感受不到画画的乐趣，自然就越来越厌烦。

家长需要明白一点：孩子喜欢做什么事情，对什么事情感兴趣，不在于它是否有价值，或能否帮助自己提高成绩，只是因为自己喜欢而已。若是家长横加干涉，处处给孩子设限，那么孩子就会觉得自己的兴趣变成了负担，甚至是令自己痛苦的事情。

既然兴趣是孩子的，家长就应该给予孩子尊重和自由，让他们自由发挥、自主发展。不给孩子设限，不强迫孩子听自己的，兴趣才能成为孩子最大的学习动力，促使孩子发挥天赋、做出成绩。

# 探索心始于好奇，
# 毁于父母的阻止

相对于大人来说，孩子的好奇心更大。对于未知事物和外界新奇的东西，孩子充满了好奇，渴望能一探究竟。好奇心就是孩子学习知识、探索世界的动力，能使孩子对自己感兴趣的事物充满热情。

恰如居里夫人所说："好奇心是学者的第一美德，而好奇又总是兴趣的导因。"在家庭教育中，家长要用心培养孩子的好奇心，满足孩子喜好探索的天性。即便是普通的孩子，若是家长能积极引导他们去探索，而不是毁掉他们的好奇心，那么孩子也可以施展内在的巨大力量，成为并不平凡的人。

陶行知先生曾表示"孩子是再大不过的发明家"，所以他告诫家长，一定要尊重孩子的好奇心，耐心回答孩子的疑问。青少年教育专家尹建莉曾说，她的女儿因为好奇，曾打翻她昂贵的化妆品，可是她并没有生气，而是引导和鼓励女儿的探索行为。

或许有些家长认为孩子的好奇心和探索欲很麻烦，会给自己带来很多困扰；或许有些家长认为这个世界上没有什么新鲜的事物，没有什么可好奇的。但是，孩子的认知力有限，他们对这个世界充满了好奇，大人认为没什么大不了的东西，在孩子眼里却往往充满趣味。

# 激发孩子探索世界的欲望!!

家长不能用自己的思维来判断孩子的行为，更不能因为怕麻烦、怕孩子闯祸就一味阻止孩子探索世界，甚至打击孩子的探索欲。正确的做法应该是，激发孩子的好奇心，然后利用孩子的这种心态勾起他们对学习知识、探索世界的兴趣，让他们在学习和探索的过程中体会到快乐和满足。

佑佑已经10岁了，对新鲜的事物非常感兴趣，尤其对于机械方面更是充满好奇，总是想知道那些东西是如何工作运转的。

有一天，爸爸为妈妈新买了一块机械表，看到手表没有电池而且不需要充电就可以一直走，佑佑感到很神奇，想知道究竟是怎么回事。带着这个疑问，佑佑决定揭开这个"秘密"。一天，妈妈忘记了戴手表，佑佑便偷偷把手表拿到自己房间，他把手表拆得七零八落却无法安装回去了。

佑佑并不是做错事不敢承认的孩子，等到妈妈回来后便主动认错，希望能够得到妈妈的谅解。妈妈虽然很生气，但是并没有惩罚佑佑，而是询问他为什么要这样做。知道孩子是出于好奇后，妈妈对他说："机械表是不需要电池和充电的，因为有发条为表针提供动力。"接下来，妈妈和他一起查阅资料，让他了解机械手表的工作原理。

后来，妈妈还带着佑佑一起到专业的维修点，让他观察修表师傅如何进行安装和保养。好奇心强的佑佑兴致勃勃地看着，还向师傅问了一个又一个问题。

孩子喜欢捣鼓家里的物品，是好奇心和探索欲强的表现，也是孩子学习的动因。家长不能一味地责骂，毕竟，制止了孩子"捣乱"，保住了家里的东西，但是失去的远比得到的多。孩子的好奇心可能会因此被遏制，探索天性被抹杀，同时探索的兴趣和求知的欲望也会受到严重破坏。

可以说，对于孩子的探索行为，父母的阻止是弊远大于利的。面对家长的阻止和打击，孩子的行为会变得越来越中规中矩，慢慢地就会失去思考力、学习力和探索力，进而在学习和生活上难有所成。

重视培养孩子的好奇心，让孩子根据自己的好奇心去探索和求知吧！

# 鼓励孩子大胆试验，
# 帮他们把兴趣变为现实

歌德曾经说过："哪里没有兴趣，哪里就没有记忆。"一个孩子对某种稀奇的东西产生兴趣，那是再自然不过的事情。然而光有兴趣是远远不够的，十几岁的孩子没有耐性，很容易对一个东西产生兴趣，也很容易对一个东西失去兴趣。当孩子只是对某件事情产生兴趣，却不付诸行动，迟迟不尝试、不试验时，可能很快就会兴趣全失。

很多时候孩子只是觉得某件事情新奇、有趣，并不是真的感兴趣，也不确定是否适合自己。这个时候，只有大胆尝试，才能辨别出自己对这件事是不是真的感兴趣，这件事是不是真的适合自己。

所以，当家长发现孩子对某件事情表现出兴趣时，不妨多鼓励孩子尝试一下，协助孩子找到真正的兴趣爱好，并且积极引导他们付诸行动。

# 多尝试，发现孩子的兴趣点

**烦恼小档案**

| | |
|---|---|
| 姓名： | 林木 |
| 身份： | 小学生 |
| 困扰： | 他的兴趣很多，兴趣来得快，去得也快 |
| 结果： | 在进行了众多尝试之后，只有对跆拳道的兴趣坚持了下来 |

　　林木已经上小学五年级了，虽然个头不高，看上去瘦瘦的，但实际上是跆拳道蓝带，曾多次参加市里举办的少儿跆拳道比赛，并取得了不错的成绩。就连他的跆拳道老师都夸奖他在跆拳道上很有天赋，还推荐他参加省里的青少年跆拳道队选拔比赛。

　　可一开始的时候，林木并没有发现自己对跆拳道的喜爱，也没有发现自己有跆拳道方面的天赋。一年级时，妈妈建议他选择一个自己喜欢的课外兴趣班，那时林木很喜欢看动画片，便对绘画表现出兴趣，一心想要学习画画。

　　林木的妈妈很开明，非常支持林木自己的选择。然而，兴趣班没上几天，林木就不想去了，对绘画也失去了兴趣，说坐在那里画画感觉很枯燥很无聊。林木妈妈并没有责怪林木半途而废，而是和蔼地说："其实一个人并不是很容易就能找到自己真正喜欢的东西的，既然你不喜欢画画，那妈妈也不会强迫你。你可以尝试其他的事情，比如学习钢琴、舞蹈，或是跆拳道……"

接下来，林木进行了多次尝试，可对于钢琴、舞蹈的兴趣都没有持续很久，一开始会被吸引，没过多久就失去了兴趣。可是，对于跆拳道就不一样了。一天，林木无意间换到体育频道，里面恰好在播放一场少儿跆拳道比赛，他立即被选手帅气的动作和有力的攻击吸引了。

可是，林木又怕自己并不是真的对跆拳道感兴趣，便打算再想一想该不该学习。那一段时间，林木总是看关于跆拳道比赛的视频，还到体育场观看相关比赛。妈妈温柔地鼓励他："林木，你是不是对跆拳道有兴趣？如果是的话，你可以去尝试一下。"

林木有些犹豫，说："我怕自己又和之前一样，没学多久就失去了兴趣。这样大家都会认为我是没有耐心、三心二意的孩子。"

妈妈笑着说："不会的。这个世界上有趣的事情非常多，你不尝试就永远不知道自己喜欢哪一个、适合哪一个。只有找到自己真正喜欢并且适合的兴趣爱好，并且坚持下去，才是对自己负责，不是吗？"

听了妈妈的话，林木决定尝试一下，结果仅仅上了一节课他就喜欢上跆拳道了。因为对跆拳道是发自内心的喜欢，林木之后在跆拳道上下足了功夫，激发了自身的天赋，并取得了出色的成绩。

试想一下，若是林木放弃尝试，结果会怎样？无非就是一种结果：错过跆拳道，浪费自身的天赋。

对孩子来说，尝试是兴趣得以真正激发的前提。父母要给予孩子引导和支持，当孩子表现出对某件事的兴趣时，鼓励他们大胆地尝试，引导他们找到真正的兴趣，可能的话，将兴趣变为追求。因为父母的支持和鼓励，是孩子寻找兴趣爱好的路途上最需要的。

# 正确使用竞争式激励，
# 孩子会对学习兴趣盎然

　　每个孩子都需要学习的兴趣和动力，而竞争式激励是激起孩子学习兴趣的方法之一。什么是竞争式激励？简单而言，就是为孩子寻找竞争对手，刺激孩子的好胜心和进取心，从而增加学习的热情。

　　家长若是发现自家孩子学习成绩不算好，或是学习积极性不高，不妨鼓励孩子找寻竞争对手，或是帮助他们设立追赶和超越的目标。

# "鲇鱼效应"也适用于孩子 **!!**

卫东上小学五年级，每次考试成绩都不理想，始终在中下游徘徊。为此，卫东妈妈感到很着急，想尽各种办法——制订学习计划、报培训班，可效果都不太明显。

卫东妈妈向朋友抱怨，说自己已经拿卫东没办法了。朋友笑着说："其实孩子并不是不聪明，而是缺乏对学习的兴趣和热情。既然其他办法不好用，你为什么不试试竞争式激励呢？"

卫东妈妈疑惑地问："什么是竞争式激励？"

朋友解释说："就是给孩子找一个对手，让他和对方进行竞争和比赛。孩子都是有好胜心的，不甘心比别人落后。有了对手，或许就会好好学习了。"

卫东妈妈接受了朋友的建议，借着聊天的机会，她询问卫东："卫东，在学校你最好的朋友是谁呀？"得到答案后，她继续说，"嗯，我知道那个小朋友。我上次看你们班的考试成绩单，发现他成绩很不错呀！排名好像比你高十几名呢！"

听了这话，卫东不服气地说："哼，那次是他运气好！我要是认真学，肯定能超过他！"

妈妈故意问道："是吗？"

卫东大声说："当然！"

妈妈觉得自己的目的差不多达到了，于是笑着说："嗯，妈妈相信你。你那么聪明，只要肯努力学习，一定可以超过好朋友。"自那以后，卫东一改之前消极的态度，学习变得勤奋努力很多。

见这个方法管用，卫东妈妈便时常拿出来使用，激励卫东和好朋友、同桌竞

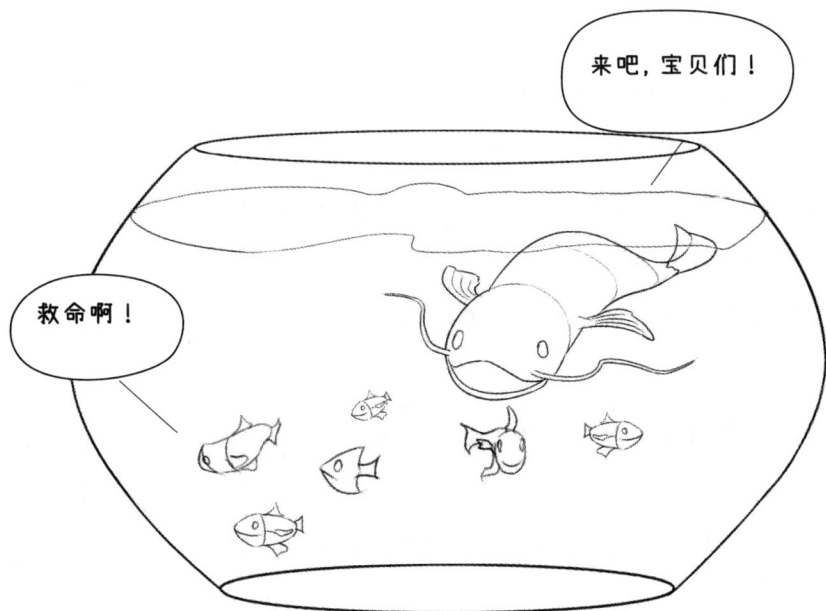

争，为卫东营造一种积极的学习氛围。慢慢地，卫东的成绩稳步上升了。

其实，这就是我们所说的"鲇鱼效应"。

鲇鱼效应源自一个古老的挪威渔民的故事。

挪威人喜欢吃沙丁鱼，尤其是活鱼。渔民们在海里捕捞的沙丁鱼，如果能活着抵达港口，就能卖出好价钱，比死鱼高出好几倍。但是在运输的过程中沙丁鱼容易因缺氧而死亡，据说原因是沙丁鱼生性懒惰，不爱运动，以致鱼槽里的水不流动，水中的氧气不足。不过，也有例外。众多渔民中有一个渔民的沙丁鱼总是活的，而且很生猛，所以他赚的钱比其他人都多。

这个渔民的嘴很严，其他渔民一直不知道他的沙丁鱼总是活着的秘密，直到他去世后，人们打开他的鱼槽，才发现原来他在里面放了一条鲇鱼。鲇鱼主要以沙丁鱼为食，鱼槽里的沙丁鱼为了躲避鲇鱼的追杀不得不快速游动，使得整个鱼槽内充满活力，缺氧的问题得到了解决，死亡自然就减少了。

鲇鱼的存在使沙丁鱼不得不改变原来的状态，为了自保，沙丁鱼拼命游动，最后活着到了港口。同理，当一个人有竞争者的时候，也会被激起竞争求胜的心，做起事情来就会充满激情和动力。这种方法很适合用在孩子身上，因为孩子的好胜心很强，谁也不想比别人差。

因此，家长可以适当地利用竞争式激励来激发孩子的活力，让他们对学习充满兴趣与热情。

当然，这不是让家长把自己的孩子和其他孩子做比较，家长不能过分夸奖其他孩子，贬低自己的孩子，更不能一味地批评和打击自己的孩子。家长需要把握尺度，多给予孩子支持和鼓励，让他们意识到竞争的重要性，才能得到正向的结果。

# 玩耍，
# 也是一种很有效的学习方法

催促孩子学习，似乎已经成为很多家长的通病。这些家长过分重视孩子的学习情况，时刻监督孩子，生怕孩子偷懒、玩耍，甚至把孩子的时间安排得满满的，让孩子几乎没有休息时间，更别说玩耍了。

可家长这样费心费力，孩子的学习真的好吗？

事实正好相反。家长越是如此，孩子对学习的态度就越消极，甚至开始逃避学习。上课时，心里想着玩，不认真听课；做作业时三心二意，一边写题一边玩；为了玩而逃课、逃学……面对这样的情形，家长更会加紧对孩子的管控，企图把孩子关在家里，几乎不让孩子外出。最后，家长的管控和孩子的厌学形成了恶性循环，甚至使得亲子关系越来越紧张，孩子心理越来越不健康。

对于孩子来说，学习是非常重要的，但绝对不是其生活的唯一。即便孩子总考第一，也并不代表他们就是最优秀的。既然如此，为什么要剥夺孩子玩耍的权利，只让他们拼命学习呢？

# 让孩子学得努力玩得尽兴!!

　　小琪离家出走了。她只带着几件衣服和几百元压岁钱，想坐火车回奶奶家。幸好火车站的警察发现了小琪的异常，及时联系了她的爸爸妈妈。妈妈见到小琪，先是给了她一个拥抱，然后打了她的屁股几下，说："你这孩子胆子怎么这么大！小小年纪就离家出走。还好有警察帮忙，要是遇到坏人怎么办？"说完，妈妈哭泣起来。

　　小琪并不服气，虽然眼泪止不住掉了下来，却气愤地反驳道："你每天就知道逼我学习，从来不让我玩。每天晚上不做完作业不让我休息，可是除了作业，还有你额外布置的任务，我真的做不完啊！""周末，其他同学都外出玩耍，我除了写作业还要上补习班、练琴。我想看会儿电视，你都不同意。""我真的太累了，我要回老家找奶奶，不想和你们一起生活了！"

　　听了小琪的抱怨，妈妈说："我是为了你好……"

　　这时候，警察开口劝说小琪的妈妈："您说的没错，父母都是为孩子好。可孩子还小，玩耍是天性，失去了玩耍的机会，就失去了快乐和意义。我们大人除了工作，还会有休息和娱乐，比如，可以和朋友逛逛街，或是找同学们旅个游，不是吗？你们怎么能不给孩子玩耍的机会呢？如果你们家长不解决这个问题，恐怕孩子还会离家出走，甚至做出更极端的事情。"

　　听了警察的话，小琪妈妈鼻子一酸，把小琪搂得更紧了。好一会儿，小琪妈妈说："小琪，妈妈会反省自己的问题，一定给你玩耍的时间和权利。你相信妈妈，好吗？"

　　听了妈妈的话，小琪失声痛哭起来，好像要把之前的委屈都哭出来。

很多家长认为孩子玩耍就是最大的错误，耽误学习不说，还容易滋生懒散消极的心态，形成贪玩的坏习惯。于是，为了防止孩子贪玩，家长毫不放松，一方面对孩子的时间进行管控，不允许私自外出；另一方面帮孩子把学习任务安排得满满的，让孩子没有时间玩。

可是，玩是孩子的天性，一旦家长过度禁止孩子玩耍，不仅会让孩子心生反感，还会让孩子的心情受到严重影响，越来越厌恶学习。多给孩子玩的自由，让孩子做到劳逸结合，学得努力玩得尽兴，才能激发孩子学习的兴趣。

## 对于贪玩的孩子要积极引导 !!

很多家长不知道，玩耍也是一种有效的学习方法。很多时候，通过学习孩子只能掌握书本上的知识，通过自由自在地玩耍孩子却可以掌握并提高创造力、主动性、责任感，以及社交、协作等能力。同时，自由自在地玩耍还可以帮助孩子缓解内心的压力，在之后更好地应对挫折，克服困难。

尤其是一些能开发脑力的游戏，可以让孩子发展思维力、想象力、创造力。与同龄人一起玩有意义的游戏，能够培养孩子的社交能力、协作能力。在与同伴玩耍的过程中，孩子能够慢慢知道哪些行为是受欢迎的，哪些行为是不受欢迎的；什么时候该坚持自己的观点，什么时候该求同存异；如何表达、讨论、分享，而不是越来越自闭、自私。

或许有些父母会问："要是我家孩子贪玩，不爱学习呢？难道我们就要任由他们肆无忌惮地玩吗？"当然不是。孩子贪玩，成绩上不去，确实让父母着急。但是强制孩子学习，剥夺孩子玩耍的机会，同样没有什么好效果。

最好的办法就是尊重孩子，给孩子玩的权利，然后积极引导孩子养成好的学习习惯，避免因为贪玩而荒废学习。家长应该努力做到寓教于乐，把学习变成一个有趣的游戏，让孩子享受到学习的乐趣。

　　美国教育家格伦·多曼说："学习是生活中最有趣的和最伟大的游戏。所有的孩子生来就这样认为，并且将继续这样认为，直到我们使他们相信学习是非常艰难和讨厌的工作。有一些孩子则从来没有真正地遇到这个麻烦，而且终其一生，他们都相信学习是唯一值得玩的有趣的游戏。我们给这样的人一个名字，我们叫他们天才。"

　　不管什么时候，家长都需要记住一句话：不要只想着把孩子培养成"学霸"，不要一味地禁止孩子玩耍。为人父母的最终目的不是培养出一个除了学习什么都不会的学霸，而是培养孩子的综合能力。与其强迫孩子学习、学习、再学习，不如让孩子在玩中学、学中玩，做到学习和玩耍相结合，说不定还能取得更好的效果。

# 第七章

# 别再紧盯成绩，去教孩子提高学习力

很多家长把孩子的成绩看得万分重要，认为孩子只有成绩好，将来才能有出息。于是，他们一旦发现孩子成绩不理想，就认为孩子不努力、不认真，不是批评指责，就是贬低训斥孩子。可这是一种错误的教养方式，很难让孩子爱上学习并取得好成绩。所以，家长与其紧盯孩子的成绩，不如放平心态，教孩子提高学习力。

怎么才考这么点分？

# 学习力的基础，
# 是把字认清楚

　　阅读是人们获取知识的重要渠道，而识字是阅读的前提。可是很多孩子在开始识字时都会遇到一些问题，比如把形近字弄混、记不住字音等，这不仅给学习增加了难度，还大大打消了孩子学习的积极性。

　　这个时候，家长千万不要因为孩子认错字或记不住字而一味批评，因为你的批评和打击会让孩子更焦虑、更有压力，从而使其学习效率低下，甚至失去学习兴趣。正确的做法是找到问题的关键所在，帮助孩子找到合适的学习方法。

# 教孩子认汉字有妙招儿 !!

菲菲正是识字认字的年纪，她总是将"喝"和"渴"弄混，做题写字都多次出错。菲菲妈妈头疼不已，想着怎样教菲菲分清这两个字。死记硬背是行不通的，经过一番思考后，菲菲妈妈决定从字形方面着手。

她对菲菲说："菲菲，其实这两个字很好区分。你想一想，我们喝水时是用口来喝，有'口'才能喝；我们口渴时想要喝水，有'水'才能解渴，对不对？"

听了妈妈的话，菲菲反复说："有'口'才能喝，有'水'才能解渴……妈妈，我记住了，以后肯定不会再弄混这两个字了。"

正因为菲菲妈妈引导菲菲有技巧地认字，所以菲菲之后几乎没再弄混过这两个字。同时，遇到类似的易错形近字，菲菲妈妈也会利用同样的方法引导菲菲找到字形、字义的区别，帮助菲菲加深记忆。

比如，跑、抱、炮这几个字不仅字形相似，字音也非常相似，让菲菲学起来很费劲，记了很久也记不清楚。菲菲妈妈根据这些生字的形、义编了一个顺口溜：有足就能跑，有手就能抱，有火能开炮。菲菲记住了顺口溜，自然就轻轻松松记住这几个字了。

因为妈妈的教育方法简单有效，菲菲的学习积极性非常高，而且学习效果非常显著。菲菲不仅能够准确地记住书本上的生字，还学会了很多形近字、多音字，为之后的语文学习和阅读打下了良好的基础。

汉字是中国文化的瑰宝，是每个人学习的基础。对于孩子来说，把每个汉字认清楚是其学习生涯中极其重要的一个环节，所以，家长要当好孩子的第一任老师，帮助孩子更好地学字、认字，教给孩子把汉字学得快、记得牢的有效方法。

除了前面提到的比较记忆、编顺口溜等，家长还可以利用小故事来教孩子学习汉字。

贝贝今年5岁了，妈妈已经教她认识了数字、字母，以及简单的"一二三""人口手"等生字。为了提高孩子的学习力，贝贝妈妈决定教贝贝多认生字，为之后的阅读、学习打好基础。

可是贝贝对汉字没什么兴趣，每次学一会儿就烦了，更别提记住汉字了。这一天，妈妈对贝贝说："贝贝，你不是很想看《小王子》吗？妈妈给你买了一本绘本，里面有漂亮的图画，还有很多有意思的字，妈妈和你一起阅读，好不好？"

于是，妈妈陪着贝贝拿起他心爱的《小王子》绘本，饶有兴趣地学了起来。贝贝很聪明，一边看绘本一边认字，竟在短时间内认识了不少字。后来，贝贝妈妈又买了很多优秀的绘本，每天利用亲子阅读的时间来教贝贝学习汉字。

除了利用绘本，贝贝妈妈还利用编故事记汉字的方法来激发贝贝的兴趣和记忆力。她把生字的每一个笔画当作一个人或物，将它们融入故事当中，让学习变得生动而有趣。比如，认识"到"这个字时，贝贝妈妈编了这样的故事："撇折点"是一个大英雄，头戴一顶"小横帽"，穿着一双"提土"鞋，右手还拿着一把大刀，谁有苦难，他就去帮助谁。再如，复杂的"裹"字，贝贝妈妈是这样编的：从前有一个名叫"一点一横"的小孩，他在山林里采了许多野果，可是他该怎么拿回家呢？他灵机一动，脱下自己的衣服将果子包了起来，然后开开心心回了家。

这个汉字记忆方法的效果非常不错，贝贝的学习积极性慢慢提高，认识的字也越来越多。

其实，教孩子把汉字认清楚、认识更多的生字并不难，只要家长能够结合孩子的实际情况，找到合适的记忆方法，就可以达到这一目的。家长可以采用谜语记字法来帮助孩子回忆、巩固学习过的汉字。比如"太阳听音乐，猜一个字"，谜底是"暗"字；"两人蹲在土堆上"，谜底是"坐"字；"三人一日游"，谜底是"春"字。这种记字方法既能激发孩子学习生字的兴趣，又能促进亲子沟通，不失为一个两全其美的方法。

学习力的培养是从孩子小时候开始的，所以家长需要教孩子多认字，并想办法让孩子牢牢记住汉字。但需要注意的是，学习不能强迫，学习也不是一项必须完成的任务，否则只会适得其反。

# 写得越多，
# 印象越深刻

著名心理学家艾宾浩斯通过研究，得出一个遗忘曲线。他认为，一个人刚刚记忆完毕时，记忆量为100％，20分钟后，记忆量为58.2％，1小时后为44.2％。时间过得越久，记忆量就越低，直到把记忆的内容全部忘记。

这说明一个道理：一个人即便记忆力再好，记忆方法再有效，光靠大脑记忆也是不行的，其效果并不会太好。很快，人们会忘记所记忆的内容，对它们的印象越来越模糊。对于孩子来说，在学习过程中，所学习的课程太多了，需要记忆的东西太多了，记忆效果自然也将大大减弱。

或许有人会问："那就没有什么好办法吗？"其实，手脑结合不失为一个好办法，一边记忆一边用笔写，就可以加强记忆效果，延长记忆时效。这就是我们所说的"好记性不如烂笔头"。

# "好记性"不如"烂笔头"!!

比如，听课时，孩子若是一边听老师讲课一边用大脑记忆，然后把重点知识记在笔记本上，那么就会加深印象，而不是"左耳朵进右耳朵出"了。再如，孩子背诵古诗《行路难》，这篇古诗篇幅很长，里面有很多难理解的词语，可若是能一边用大脑记一边抄录，记忆的效率就会高很多。整篇古诗背诵下来之后再背写一遍，就可以让它在脑海中扎根，而且哪怕过段时间有些淡忘，阅读一遍也会再次记起来。

古人说"心记不如带墨""眼过千遍不如手写一遍"，就是这个道理。人的大脑记忆是抽象的记忆，一些简单的知识看过几遍、读过几遍就会很快记住，但是因为内容太抽象了，过一段时间后，记忆就会变得模糊。但是手写就不一样了，手写的时候，眼睛要看，大脑要记忆，手还要写，眼、手、脑的多次交融，反馈，形成多层次的反复记忆，效果自然就大幅增强了。

所以，在孩子学习的过程中，家长要引导孩子多动手，把手脑结合起来，遇到背不下来的古诗、公式就多写几遍，一边写一边记忆；遇到记忆难度大、背得快

**烦恼小档案**

| | |
|---|---|
| 姓名： | 小美 |
| 身份： | 小学生 |
| 困扰： | 要参加英语竞赛，可却记不住单词 |
| 结果： | 采用大脑记忆和手写记忆结合的方法，效果非常好 |

忘得也快的情况，一定要让孩子多动笔，在课上认真记笔记，在课下多练习，手脑并用。

小美是小学四年级的学生，特别喜欢英语，记忆力也非常好，记住的单词比其他同学都多，因此，学校推荐她到市里参加英语竞赛。这下小美的积极性更高了，每天都早起半个小时背诵英语单词和文章。

之前小美每天放学回家后要看半个小时动画片，现在也不看了，利用这段时间背诵；之前每个星期日，她都会约同学去跳绳，现在也不去了，利用这段时间练习听力和阅读。小美把这些自己自由支配的时间都利用起来，认真地记忆英语单词和文章。

为了给小美营造好的学习氛围，爸爸妈妈也都不看电视、不听音乐了，尽量不发出大的声响。可是，小美的学习效果并不好，很多单词、文章很快就记住了，但忘记得也很快。

一天晚上7点多，小美照旧在背诵，爸爸妈妈在做家务。突然小美从房间走出来，非常沮丧地说："妈妈，我不想参加这次比赛了。"

妈妈疑惑地询问："理由呢？你不是很有信心吗？"

小美低着头说："昨天我和另外一个参加竞赛的同学比赛，可是我背诵的单词没有他多。很多单词我明明背过了，可不知道为什么给忘了。我是不是变笨了？为什么我的记忆力这么差，怎么就记不住呢？"

小美妈妈听到后，立即否定了她的想法，说："小美，你并没有变笨，而是你的记忆方法出现了问题。"

小美立即问道："出了什么问题？"

小美妈妈说："你记单词时总是照着书本拼读，拼读几次就记住了，然后就记忆下一个。以前，你记忆的单词少，之后还会抽时间复习几遍，这样的方法肯定是没问题的。可是现在你需要背诵大量单词，又没有复习的时间，如此一来问题就出现了。你记忆的速度确实很快，但记忆是非常短暂的，隔不了多久，那些单词在你

好记性不如烂笔头，用笔写下来，印象就会更深刻。

有什么好的记忆方法吗？

的脑海里就会变得模糊。"

小美接着问道："妈妈，那我应该怎么办？有什么好的记忆方法吗？"

妈妈笑着说："你不用着急，其实方法很简单，你只要把大脑记忆和手写记忆结合起来就可以了。好记性不如烂笔头，用笔写下来，印象就会更深刻。记住单词后，你再多写几遍，自然就不会轻易忘记了。"

小美按照妈妈说的方法去做，记忆每一个单词时都会用笔写上几遍，还别说，果然记得又准确又牢固。最后，小美在这次英语竞赛中获得了三等奖，还获得了"单词小达人"的称号。

单靠大脑记忆，记忆力再好，也可能记得不完全、不准确、不可靠。尤其是进行大量记忆的时候，效果会更差。古往今来，那些知识渊博的人鲜少去死记硬背，他们常常会结合手写来记忆。

因此，家长要教会孩子更好的记忆方法，不管是记忆单词、古诗、公式还是背诵课文，要让孩子多用笔写一写。"好记性"再加上"烂笔头"，印象就会更深刻，记忆力也会大幅提升。

# 多读书读好书，
# 学习力很突出

古人说："书中自有黄金屋，书中自有颜如玉，书中自有千钟黍，书中自有稻粱谋。"读书是一个人学习知识、积累知识的重要途径，也是一个人增长见识、拓宽视野的关键。通过读书，孩子可以了解到世界是如此之大、如此之精彩。

家长应该培养孩子的阅读习惯，引导孩子多读书读好书。书读多了，知识面扩展了，学习的兴趣提升了，学习力自然也就提升了。

# 阅读的好处不胜枚举 !!

庄庄从小就喜欢读书，最开始读一些童话故事、寓言故事，后来读国内外名著、各种科学读物。虽然年纪小，可他已经知道很多文学、历史、天文、地理等方面的知识，可以说是"无所不知，无所不晓"。

进入中学后，庄庄的学习任务比较重，学习压力也比较大，可是他并没有放弃阅读，每天早上都拿出30分钟进行早读。随着知识面的扩展，庄庄阅读的图书越来越多，而且不仅仅局限于阅读，他还会写批注、写读书笔记，并且时常写一些自己的感想。

因为爱阅读，庄庄对语文、历史、地理等学科的学习积极性很高，同时他的思维能力、理解能力都得到了很大提升，如此一来，他学习其他学科也就轻松很多，各科成绩都非常好。

中考时，庄庄拿到了全校第一名，分享学习经验时，他说："其实，我也没有什么特别的经验。我平时喜欢读书，也爱读书，我觉得阅读对学习是非常有帮助的，有利于我各项能力的提升，同时它还为我打开了一个新的世界，让我的眼光不仅仅局限于家、学校、小区等小圈子。""刚开始我只是喜欢读书，读一些自己感兴趣的内容，可慢慢地我发觉，阅读可以让我的眼、耳、口、手、脑并用，能够有效地提高听、说、读、写等方面的能力，还可以丰富我的内心世界，丰富我的想象力和思考力，并能满足我的好奇心……"

没错，书籍是人类最好的朋友，阅读会给孩子带来很多好处。家长应该让孩子爱上阅读，养成良好的阅读习惯。家长可以时常带孩子到图书馆阅读，激发孩子的阅读兴趣。因为图书馆的阅读氛围浓厚，当孩子看到其他人都在安静阅读时，他们也会收敛躁动的心情，感受阅读的魅力。

家长要帮助孩子选择适合他们的书籍，引导孩子多读一些既含有较大知识量又富有趣味的课外书，而不是让孩子随便拿一本书就看，或是只热衷漫画、言情小说等书。内容不好的书可能会影响孩子的认知和思维，使其形成错误的观念。

为孩子选好书后，家长还要协助孩子进入书本的世界。很多孩子注意力不集中、自制力差，很难安静下来好好阅读一本书。这个时候，家长要陪伴孩子一起阅读，发挥亲子阅读的积极作用。

另外，家长还要引导孩子制订阅读计划，做到计划详细、科学且适合自身情况，如此一来，阅读效果才会更好。不妨看看下面这个故事！

爱迪生小时候家境贫寒，小小年纪就以卖报为生，即便如此，他仍坚持读书，一有空闲的时间就会钻到火车站附近的图书馆里尽情地阅读。虽然爱迪生读了很多书，可他感觉收获并不是很大，好像缺少些什么似的。

有一天，爱迪生遇到一位中年人，这位中年人也经常到图书馆读书。他看见爱迪生读书非常刻苦，便询问道："你喜欢读书，有什么计划和目标吗？我观察你很久了，发现你读的书很杂，书的种类繁多，你是不是随便读的？"

爱迪生非常不服气地说："不！我是按照顺序阅读的，从第一排书柜开始读起。我发誓一定要读完这个图书馆里所有的书。"

中年人笑着说："我很佩服你的毅力和爱读书的品质，可是你这样做是非常浪费时间和精力的。最有效的读书方法应该是先确定自己的目标，制订详细的读书计划，然后再根据自己的计划去选择适合自己的书，坚持不懈地读下去。"

爱迪生按照中年人的方法确定了目标，并给自己制订了一个合理的读书计划，如饥似渴地去阅读。后来，他成了美国非常博学的人、世界上最伟大的发明家之一。

如果爱迪生一直毫无目的地阅读，恐怕这个世界上就会少一位发明家吧！

图书馆

　　家长要告诉孩子：阅读不是靠数量和速度取胜的，若是孩子只是看个热闹，不求甚解，不能够真正用心阅读，那么即便读再多书也没有太大意义。

　　总之，在教育孩子的过程中，家长要让孩子多读书读好书，引导其养成爱阅读的好习惯，如此才能让孩子在以后的学习和生活中受益匪浅。

# 那些满分作文，
# 都是这样炼成的

一位著名作家曾经说："一篇作文，如果能出现'月亮'，那最好不过。如果没有'月亮'，'群星璀璨'也很好。没有'群星璀璨'，有'几颗星星'也是不错的。千万不能让人看到的是'漆黑一片''茫茫黑夜'。"

这位作家所说的"月亮""群星璀璨""星星"等就是作文的亮点，而这些亮点可以是增添气势的排比句，可以是彰显底蕴的古诗名句，也可以是生动形象的比喻拟人等修辞。有了这些亮点，作文便显得有文采、有意境，给人不一样的感受。

# 提高写作能力的方法！！

相信绝大部分家长都希望自己的孩子文采出众，能写出精彩无比的作文。可事实恰好相反，很多孩子没什么文采，写作文犹如记流水账，非但写不出优美的词语，也写不出详细的故事情节。还有一些孩子根本不知道写什么，一节课下来犹如挤牙膏般只能写出寥寥几个字，就更别说有什么文采了。

其实，这些孩子之所以不会写作文、写不出好作文，是因为阅读量不够和缺乏观察。先说说阅读吧，之前我们也说过阅读是学习力的基础，对于孩子来说是很重要的。这里我们再次强调阅读的重要性，是因为没有足够的阅读量，孩子就难以写好作文。

人们常说，"读书破万卷，下笔如有神"，"熟读唐诗三百首，不会吟诗也会吟"。从某种程度上来说，多阅读才能拓宽孩子的知识面，让孩子多积累好词好句，提升孩子的语文语感。

著名作家秦牧知识渊博，妙笔生花，擅长写优美隽永、色彩明丽的散文。他从小就喜欢阅读，博览群书，同时还总结了适合自己的阅读方法，即第一遍阅读时尽可能快些，不要一个字一个字看，以锻炼自己的语感。

家长想要提高孩子的写作能力，让孩子写出文采出众的高分作文，就应该帮助孩子养成良好的阅读习惯，多读书、读好书。阅读时，可以让孩子注意收集好词好句、精彩片段，将其记录在本子上，抽时间多阅读、背诵。只要找到适合自己的阅读方法，那么就可以为写作打下好的基础。

接下来，我们再说说观察。观察对于写作来说同样非常重要，但凡作文写得好，作品言之有物、语言优美、细节丰富的孩子，往往都是善于观察，能够做到仔细观察的。

观察是写作的前提，通过细致的观察，孩子可以了解事物的特征、细节、动作，获得比较深的感受，从而做到有东西可写，写出来的文章也更详细深刻。

家长要告诉孩子，观察并不是简单地"看"，而是调动自己的眼、鼻、耳、手等器官一起细致地观察和感受。

举个例子，老舍先生的《在烈日和暴雨下》中有这样一段文字：街上的柳树像病了似的，叶子挂着层灰土在枝上打着卷；枝条一动也懒得动，无精打采地低垂着。马路上一个水点也没有，干巴巴地发着白光。便道上尘土飞起多高，跟天上的灰气联接起来，结成一片毒恶的灰沙阵，烫着行人的脸。处处干燥，处处烫手，处处憋闷，整个老城像烧透了的砖窑，使人喘不过气来……

这一段观察细致入微，从视觉、听觉、触觉、感觉等多方面描写了天气的"热"。若是没有观察，老舍先生怎么能写出如此出色的文字？

那么，家长应该如何教孩子学会观察呢？不妨看看这个例子。

豆子11岁了，上小学六年级，不太会写作文，每一次作文都写成了枯燥无味的流水账。有一次，老师布置了一篇作文，题目是《我的妈妈》，可是豆子在那里坐了半个小时也只写了几个字：我有一个好妈妈，她有一头长头发，两条眉毛下有一双大眼睛，鼻子下面有一张嘴。每当妈妈笑的时候，都会露出两排牙齿……

妈妈看完后，不禁皱起了眉头，觉得孩子写的作文一点内容和文采都没有。于是，妈妈决定指导指导豆子。她问豆子："豆子，妈妈在你心里是一个什么样的人？"

豆子想了一下，说："妈妈是一个美丽的、勤劳的、温柔的、体贴的人。"

"那你仔细观察观察，妈妈的头发、眉毛、眼睛……都有什么特点呢？"

"特点？"豆子皱着眉头观察了一下，然后说，"妈妈的长头发又黑又亮，发尾还特别卷。"

"卷起来的发尾像什么？"

"像海里的波浪。"

"那你的作文就可以这样写了，对不对？'妈妈有一头又黑又亮的长发，卷起来的发尾像极了海里的波浪。'"妈妈耐心地引导。

"那你再看看妈妈的眼睛，有什么特点？"

"妈妈的眼睛又黑又亮，笑起来眯成了一条线，而且妈妈还戴着眼镜。"

"那你的作文是不是可以这样写？'我的妈妈戴着眼镜，可是眼睛又黑又亮，笑起来眯成了一条线。'"

豆子点了点头。妈妈继续启发豆子："豆子，你想写好作文，就应该仔细观察生活里的一人一物。你写妈妈，就应该仔细观察妈妈的长相、说话特点、脾气；写一处景色就应该写景色的全貌、细节，最美的地方是什么，从远处看是什么样子，从近处看又是什么样子……"

通过妈妈的指导，豆子明白了观察的重要性，之后上学放学、周末外出他都会留心观察身边的事物。慢慢地，他的写作水平有了很大提高，作文再也不是枯燥的流水账了。


观察不仅可以帮助孩子获得好的写作材料，还可以针对观察到的细节运用各种修辞手法，所以，家长要抽出一些时间指导孩子观察生活、观察自然，让孩子能全面地把握观察对象的特征和事件的过程。同时，家长还可以有意识地带着孩子进行一些户外活动，比如在外游玩时，引导孩子观察天上千奇百怪的白云，让孩子说出这些白云像什么。

总之，如果家长能够重视提升孩子阅读与观察的能力，便可以帮助孩子写好作文，做到言之有物、文采出色。

# 培养发散性思维，
# 才能真正打通学业大道

有一位著名心理学家做过这样一个实验：用粉笔在黑板上画一个圆圈，让各个年龄段的孩子表达对这个圆圈的看法。大学生觉得这个问题很简单，根本不屑于回答；高中生认为这个圆圈是数字零；初中生认为这个圆圈是英文字母"O"；只有小学生和学龄前的孩子积极踊跃地回答，并且给出的答案充满了想象力和趣味性。他们的答案是太阳、月亮、皮球、烧饼和老师发脾气时的眼睛……

这个实验的结果告诉人们，孩子的大脑思维越活跃，发散性思维就越强。

很多时候，孩子并不是不聪明，也不是不努力，而是缺少发散性思维，他们或是被思维定式限制住了，或是根本不愿意动脑，习惯用简单、模式化的思维思考问题。家长应该从小训练孩子的发散性思维。思维活跃了，想问题、处理问题往往就更多变、更创新，从而能更快解决问题。

在孩子成长的过程中，发散性思维的培养和训练对于孩子个人潜能的开发是非常重要的，不仅可以使孩子愿意动脑筋思考，思维变得更活跃，还可以发掘孩子的创造力，面对问题想出不同寻常的解决方法。

那些成绩好、头脑聪明的孩子，绝大部分都是拥有发散性思维的，面对同一问题总是能找到更多解题思路，更简单有效的思路。

## 重视培养孩子的发散性思维

高斯是一位享誉世界的数学家，在他上小学时老师曾在黑板上写下一道题目：1+2+3+……+100=？。

当别的同学还在埋头苦算，抱怨题目好难、计算量好大时，高斯已经迅速地站了起来。

老师皱着眉头问："高斯，你怎么站起来了？是算出答案了吗？"

高斯自信地回答："5050。"

老师惊讶于高斯的计算速度，就问他："你为什么会计算得这么快呢？你用了什么方法？"

高斯回答说："我将这道题目的首尾数字1与100相加的和，乘以100，再除以2，得到的答案就是5050。"

高斯为什么会想到如此简单的解题方法？其实，这归功于他的发散性思维，而这也是发散性思维的魅力所在。那么，家长应该如何培养孩子的发散性思维呢？

首先，家长要明白一点，发散性思维的重要特征就是不求唯一的答案。所以，当孩子遇到难题时，要鼓励孩子不要只用一种方式解决问题，要让孩子再思考思考，寻找更多的解题方法。

其次，家长要和孩子多讨论，提高孩子的思维广度。孩子的思维是简单的、单向的，这个时候，家长要多和孩子讨论，引导孩子从多方面思考问题，打破原有的思维局限。即便孩子的想法有误差，家长也不要急于否定，以免打击孩子的积极性

和思考力。要知道，只要孩子提出一个想法，就表示他们认真思考了，只要他们肯认真思考，那么思维就会越来越活跃。

　　家长要多和孩子做一些拓展思维的游戏，尤其是在孩子小的时候，要启发孩子对一个问题做出多种回答。比如，让孩子在10秒内说出让水变冷的方法，让孩子回答除了鸟还有什么可以在天上飞。

　　陪孩子玩，引导孩子开阔视野，也是开拓思维的好途径。家长可以带孩子去动物园、海洋馆参观，提升孩子的眼界，让孩子思考动物的生活习性、不同动物的特征，让孩子多思考，从而多获得知识。

最后，家长要鼓励孩子多质疑、多问几个为什么。孩子的求知欲和好奇心很强，对各种事物都会有很多疑问，而这些疑问恰好是提升孩子发散性思维的催化剂。

家长是孩子的第一任老师，孩子若是从小时候开始就不喜欢提问题，家长也不注意引导，一旦形成惯性思维，那么孩子在学习过程中就容易遇到"拦路虎"，让学习变得吃力而痛苦。所以，家长要重视培养孩子的思考能力，让孩子学会运用发散性思维来思考问题，真正提升孩子的学习力。

# 找到合适的方法和技巧，计算一点都不难

　　计算能力是孩子必须掌握的一个学习能力，是孩子学习数学、物理、化学等理科知识的基础。计算能力强，孩子可以在各方面都占据优势，还可以提升思维能力、逻辑能力，相反，若是孩子计算能力弱，那么就会直接影响数学成绩，还可能导致孩子思维混乱、对问题的思考缺乏系统性和逻辑性。

　　家长应该从孩子小时候起就培养其计算能力，为其之后的学习打好坚实的基础。若是孩子计算能力差，经常算错题，或是计算速度慢，家长可以引导孩子找到适合自己的计算方法和计算技巧。一旦孩子可以掌握有效的计算方法，那么计算效率就会大大提高。

# 让孩子多学习一些计算技巧‼️

不妨看看俊俊的爸爸是如何做的。

俊俊上小学三年级，正是学习计算的时候，包括两位数加减法、一位数乘两位数、小数加减法等等。可俊俊似乎对计算没天赋，计算速度慢，出错率高，每次考试都会因为计算出错而丢分。

为了让俊俊提高计算能力，爸爸给他买了一本口算题卡，要求他每天完成50道计算题。坚持训练了一个月后，俊俊的计算能力还是没有太大提高，5分钟只能做五六十道题，很多题还做错了。而据俊俊爸爸了解，一些计算能力强的孩子5分钟可以做八九十道题，甚至更多。

俊俊爸爸意识到，只是加强训练，很难提高孩子的计算能力。于是他决定找到孩子计算效率低的原因，经过一段时间观察，他发现原因在于孩子仍没有掌握各种运算的技巧。

比如，$15 \times 7$、$65-18$这样的简单运算，俊俊可以快速算出，可是换成$15 \times 7+65$这样的综合运算，他就算得非常慢了。在计算时，俊俊只是进行心算，没有借助纸和笔，所以容易把之前$15 \times 7$的得数记错，造成一步错步步错。

三年级的计算不是简单的加减乘除，仅仅用乘法口诀或是加减法口诀难以解决。俊俊越是只心算，出错的概率就越大。所以，爸爸提醒俊俊可以把心算和笔算结合起来，先记下得数，再进行下一步计算。同时，他还让俊俊在做计算题前先观察一下题目，然后再进行计算。果然，改进之后，俊俊的计算能力有所提高，正确率也得到提高。

小学阶段的计算方法有心算、笔算、速算。心算是笔算的基础，适用于两位数以内的计算，对于孩子的计算速度、计算技巧、思考速度要求较高，并且不是一朝一夕就能训练出来的。所以，若是孩子心算能力还不强，家长应该让孩子持之以恒地练习。但是，若是涉及三位数或是多则运算，家长就应该让孩子借助笔算，提高计算的正确率。

不过，许多孩子笔算时，常常会因为马虎而抄错数字，这个时候家长要引导孩子认真、细心，提高计算的细心度和准确度。

除此之外，家长还应该帮助孩子找到一些计算的技巧，比如 $63 \times 67$ 这样的计算，就有一定的技巧，即首同尾互补，首位乘以大一数，尾数之积后面接——$63 \times 67=4221$。这种计算技巧适合所有十位相同、个位相加为10的两位数计算。

比如，$12 \times 14,13 \times 11$ 这样首位皆是1的算式的计算技巧就是：一数加上另数尾，十倍加上尾数积。即 $12+4=16$，$16 \times 10=160$，$2 \times 4=8$，$160+8=168$；$13+1=14$，$14 \times 10=140$，$3 \times 1=3$，$140+3=143$。这样的固定算式，家长应该让孩子牢记，只要看到就可以写出得数，不需费时间再计算了。

关于计算技巧还有一个有趣的故事。

爱因斯坦生病住院了，朋友们相约去看望他。为了给他解闷，其中一个朋友给他出了一道数学题。题目是：$2974 \times 2926$ 等于多少？

爱因斯坦几乎没有思考，立马说出答案："8701924。"

朋友们非常吃惊，纷纷询问他为什么算得如此之快？

爱因斯坦说："我先观察了一下题目，发现 $74+26=100$，所以就先用 $2900 \times 3000$，算出答案等于8700000，而 $74 \times 26=（50+24）（50-24）=50 \times 50-24 \times 24=1924$，把两个答案加在一起，就得到了8701924。"

看到了吧！掌握了计算的技巧，即便再复杂的计算也变得简单了，可以大幅提高计算效率。

可以说，只要用心观察都会发现口诀、窍门和捷径，只要选对了方法，计算就可以变得轻松起来。家长需要做的就是引导孩子掌握计算的方法和技巧，有针对性地对孩子进行训练，从而让孩子的计算力得到提升，并喜欢上计算。